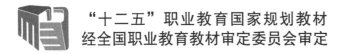

"十二五"职业教育国家规划教材
经全国职业教育教材审定委员会审定

Chezai Wangluo Xitong Jianxiu

车载网络系统检修

（第三版）

廖向阳　编著

人民交通出版社

内 容 提 要

本书为"十二五"职业教育国家规划教材。本书基于学习情境设计，以任务作驱动，以项目为载体，将理论知识与实践操作进行一体化的教学设计，重点介绍了CAN、LIN、MOST三种网络的结构与原理、检测与维修方法。本书共分为5个学习任务，分别为：汽车电脑的检测与匹配、动力CAN总线的检测与修复、舒适CAN总线的检测与修复、LIN总线系统检测与修复、MOST总线系统检测与修复。

本书主要供高职高专院校汽车运用技术、汽车检测与维修、汽车电子等专业教学使用。

图书在版编目(CIP)数据

车载网络系统检修 / 廖向阳编著. —3版. —北京：人民交通出版社，2014.8
"十二五"职业教育国家规划教材
ISBN 978-7-114-11240-9

Ⅰ.①车… Ⅱ.①廖… Ⅲ.①汽车–计算机网络–维修–高等职业教育–教材 Ⅳ.①U472.41

中国版本图书馆CIP数据核字(2014)第039262号

"十二五"职业教育国家规划教材

书　　　名：	车载网络系统检修（第三版）
著 作 者：	廖向阳
责任编辑：	翁志新
出版发行：	人民交通出版社股份有限公司
地　　址：	(100011) 北京市朝阳区安定门外外馆斜街3号
网　　址：	http://www.ccpcl.com.cn
销售电话：	(010) 59757973
总 经 销：	人民交通出版社股份有限公司发行部
经　　销：	各地新华书店
印　　刷：	北京市密东印刷有限公司
开　　本：	787×1092　1/16
印　　张：	14.5
插　　页：	4
字　　数：	329千
版　　次：	2010年8月　第1版 2011年6月　第2版 2014年8月　第3版
印　　次：	2023年12月　第11次印刷　总计第15次印刷
书　　号：	ISBN 978-7-114-11240-9
定　　价：	35.00元

(有印刷、装订质量问题的图书由本公司负责调换)

编委会

BIANWEIHUI

主　　任：明平顺（武汉理工大学）
副 主 任：林　平（福建船政交通职业学院）
　　　　　刘　锐（吉林交通职业技术学院）
委　　员：陈文均（贵州交通职业技术学院）
　　　　　段泰峡（重庆交通职业学院）
　　　　　郭远辉（四川交通职业技术学院）
　　　　　何细鹏（武汉交通职业学院）
　　　　　姜　攀（武汉交通职业学院）
　　　　　李大光（吉林交通职业技术学院）
　　　　　李　明（吉林交通职业技术学院）
　　　　　廖向阳（湖南交通职业技术学院）
　　　　　屈亚锋（武汉交通职业学院）
　　　　　曲英凯（吉林交通职业技术学院）
　　　　　史　婷（武汉交通职业学院）
　　　　　唐晓丹（上海科技职业学院）
　　　　　王贵槐（武汉交通职业学院）
　　　　　王秀贞（邢台职业技术学院）
　　　　　徐静航（吉林交通职业技术学院）
　　　　　易　波（湖南交通职业技术学院）
　　　　　张立新（辽宁省交通高等专科学校）
　　　　　周春荣（重庆交通职业学院）
　　　　　周　燕（南京交通职业技术学院）

第三版前言

根据教育部的《关于"十二五"职业教育国家规划教材选题立项的函》（教职成司函[2013]184号）的通知精神，人民交通出版社出版的教材《车载网络系统检修（第二版）》符合"十二五"职业教育国家规划教材选题立项要求。

2013年10月，人民交通出版社组织十几所院校的汽车专业教师代表，在青岛召开了"十二五"职业教育国家规划教材汽车类专业立项教材修订会议。会议根据《教育部关于"十二五"职业教育教材建设的若干意见》（教职成[2012]9号）文件精神，经过认真研究讨论，吸收了教材使用院校教师的意见和建议，确定了立项教材的修订方案。

本书是在第二版的基础上，在会议确定的修订方案指导下完成的，教材的内容修订主要体现在更加注重职业教育的特色：理论以够用为度，重点体现实践特色。为此，作者在多年教学和实践的基础上，基于实车和大众CAN-BUS总线舒适系统示教板（帕萨特B5）及速腾轿车电气系统教学平台-A（舒适系统）两种台架，设计了一系列的实训工单。这些工单经作者在教学过程中修改和完善，具有很好的可操作性。通过这些有针对性的实践活动，既能加深学生对基础知识的理解，又能培养学生的实际动手能力。

本书内容详实，编排新颖，图文并茂，实用性强，通俗易懂。本书基于学习情景设计，将理论知识与实践操作进行一体化的教学设计，重点介绍了CAN、LIN、MOST这几种网络的结构与原理、检测与维修方法。本书共分为5个情境：汽车电脑的检测与匹配、动力CAN总线的检测与修复、舒适CAN总线的检测与修复、LIN总线系统检测与修复、MOST总线系统检测与修复。

本书可作为高职高专院校汽车相关专业的教材，也可供汽车维修技术人员及汽车维修技术培训机构培训人员使用。

本教材的修订工作全部由湖南交通职业技术学院汽车工程学院廖向阳老师完成。本书在编写过程中，参考了国内外同行和汽车厂家的文献资料，谨向参考文献涉及的作者和厂家表示衷心的感谢。

限于编者水平，书中难免有疏漏和错误之处，恳请广大读者提出宝贵建议，以便进一步修改和完善。

编 者
2014年1月

目　录

学习任务1

汽车电脑的检测与匹配 ·· 1

情境　清洁汽车后，电动车窗无法正常升降 ··· 2

一、汽车单片机的组成及工作原理 ··· 2
二、汽车电脑的结构与原理 ··· 12
三、汽车电脑的故障特点及万用表检测 ·· 17
四、汽车电控单元的故障自诊断 ·· 19
五、汽车电脑的编码与匹配 ··· 26
六、帕萨特B5中控门锁不受控，车体进入防盗状态的原因与解决方法 ··········· 29
实训工单一 ··· 31

学习任务2

动力CAN总线的检测与修复 ·· 34

情境　仪表盘上多个故障指示灯点亮 ··· 35

一、车载网络的发展简史 ·· 35
二、常用基础术语 ·· 37
三、动力CAN总线系统的结构与原理 ··· 52
四、动力CAN总线系统的万用表检测 ··· 60
五、动力CAN总线系统的波形分析 ·· 65
六、动力CAN总线系统的故障自诊断 ··· 71
七、动力CAN总线系统终端电阻的检测与CAN导线维修 ······························ 71
八、卡罗拉动力CAN总线系统故障维修 ·· 75
实训工单二 ··· 76
实训工单三 ··· 79

学习任务3

舒适CAN总线的检测与修复 ……………………………………………………… 84

情境　中央门锁和电动玻璃升降器不能正常工作 …………………………… 85

一、舒适CAN总线系统的结构与原理 ……………………………………………… 85
二、舒适CAN总线在汽车上的运用 ………………………………………………… 87
三、舒适CAN总线系统故障的波形分析 …………………………………………… 101
四、舒适CAN总线系统的故障自诊断 ……………………………………………… 110
五、中央门锁和电动玻璃升降器不能正常工作原因与解决方法 ………………… 119
实训工单四 …………………………………………………………………………… 122
实训工单五 …………………………………………………………………………… 126

学习任务4

LIN总线系统检测与修复 ……………………………………………………… 131

情境　玻璃升降器不能正常工作 ……………………………………………… 132

一、LIN总线系统的结构与原理 …………………………………………………… 132
二、LIN总线在汽车上的运用 ……………………………………………………… 135
三、卡罗拉LIN总线系统故障维修 ………………………………………………… 144
四、玻璃升降器不能正常工作维修案例 …………………………………………… 144
实训工单六 …………………………………………………………………………… 146

学习任务5

MOST总线系统检测与修复 …………………………………………………… 150

情境　多媒体交互系统无法工作 ……………………………………………… 151

一、MOST总线系统的结构与原理 ………………………………………………… 151
二、MOST在奥迪A6L汽车上的应用 ……………………………………………… 154
三、MOST总线系统的故障诊断 …………………………………………………… 174
四、MOST导线维修 ………………………………………………………………… 177
五、多媒体交互系统无法工作的原因与解决方法 ………………………………… 178

附录A　卡罗拉动力CAN总线系统故障维修实训指导 ………………………… 183

附录B　卡罗拉LIN总线系统故障维修实训指导 ………………………………… 204

附录C　本课程实操考核工单一 …………………………………………………… 220

附录D　本课程实操考核工单二 …………………………………………………… 222

参考文献 ………………………………………………………………………………… 225

学习任务1 汽车电脑的检测与匹配

××××××汽车维修有限公司
维修委托书

工单号 No: 200803569

客户名称: 张三	车牌号: ×××0088	购车日期: 2005 年 3 月 6 日	联系电话: ××××××××××
联系人: 张三	车型: 帕萨特B5	Vin No.: ××××××××××××××××××	

送修日期: 2008 年 5 月 5 日　　交付日期: 2008 年 5 月 27 日　　行驶里程: 8 8 3 5 0

故障报修症状描述	电动车窗不能正常升降，而且中控门锁系统不受控制，车体进入防盗状态	交接物品	无
提车要求	付款方式: ☑现金　□刷卡　□支票　其他:	其他	洗车 是☑ 否□　带走旧件 是□ 否☑

序号	报 修 项 目
1	对进过水的舒适系统控制单元进行除湿、防锈处理
2	
3	
4	
5	
6	
	小计: 100元

备注: 维修检查及施工情况详细见《维修检查·施工单》

旧件检查　空罐　旧件

油量 E　1/4　1/2　3/4　F

第一联: 客户（取车凭证，请注意保管）

全车外观检查
车身如有变形、油漆划痕、玻璃、灯具裂痕等损伤，请在示意图中的方格内标注"√"。

维修委托书细则

甲方: （客户）
乙方: ××××××汽车维修有限公司
维修细则:
1. 甲方已确认无包括现金在内的贵重物品遗留在车上。
2. 甲方已阅读并理解了本委托书及对应的《维修检查·施工单》上的所有内容，同意按乙方所列的维修项目和价格进行维修，甲方愿意支付相关的维修服务费及零件费。
3. 乙方同意甲方对维修车辆进行维修试车，包括场地试验或路试。
4. 如果甲方同意不带走旧件，乙方可以在甲方提车后对旧件进行处理。
5. 甲方确认并理解乙方已经充分告知的关于车辆检测或维修的相关情况，同时乙方有权采取必要的措施（包括但不限于拆解车辆的机械、电路及发动机等）进行检测或维修。同意乙方在对车辆进行进一步检测或维修时不再另行通知甲方。
6. 如因乙方过失致使维修车辆或部件损坏，乙方赔偿的范围仅限于维修或更换损坏车辆的部件，甲方同意不再提出其他赔偿要求。
7. 甲方应事先备份维修车辆上安装的所有软件或可存储数据信息。无论如何，维修车辆上安装的所有软件或可存储数据信息的损坏或丢失，乙方不作赔偿。
8. 甲方应在乙方通知提取车辆之日起壹个月内提取车辆，逾期不取，乙方有权按政府公布的停车费价格收取保管费用。
   本人确认已经清楚理解并接受以上维修细则。

公司地址: ××××××
救援热线: ×××××××××××　服务热线: 020-×××××××　传真: 020-×××××××
开户行: ××××××　账号: ××××××　乙方代表（接待员）: 王先生

甲方（客户）签名

张三

日期: 2008年5月5日

某顾客一辆帕萨特B5轿车进行全车清洁后，电动车窗不能正常升降，而且中控门锁系统不受控制，车体进入防盗状态，顾客要求维修。

要排除该故障，我们需要知道汽车单片机类型及工作原理、汽车电脑的结构与原理、汽车电脑的万用表检测、汽车电脑的匹配、汽车电控单元的故障自诊断。下面分步来完成本学习任务。

情境　清洁汽车后，电动车窗无法正常升降

一、汽车单片机的组成及工作原理

单片机是将中央处理器CPU（Central Processing Unit）、存储器（Memory）、定时器/计数器、输入/输出（I/O）接口电路等主要计算机部件集成在一块集成电路芯片上的微型计算机，基本结构如图1-1a）所示。目前，单片机在汽车电子中的应用非常广泛，例如汽车中的发动机控制器、基于CAN总线的汽车发动机智能电子控制器、GPS导航系统等。

（一）单片机的组成

1. 中央处理器（CPU）

中央处理器（CPU）是具有译码指令和数据处理能力的电子部件，是汽车电子控制单元的核心，它由运算器（Calculator）、寄存器（Register）和控制器（Controller）组成，结构如图1-1b）所示。

运算器是计算机的运算部件，用于实现数学运算和逻辑运算。汽车上各种电控系统（ECU），如燃油喷射系统（EFI）、防抱死制动系统（ABS）、安全气囊系统（SRS）、自动变速器（ECT）等控制系统，内部的数据运算与逻辑判断都在这里进行。

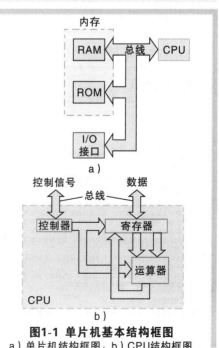

图1-1 单片机基本结构框图
a）单片机结构框图；b）CPU结构框图

寄存器用于暂时存储数据或程序指令。

控制器是计算机的指挥控制部件，其功用是按照监控程序和应用程序使计算机各部分协调工作。

2. 存储器（Memory）

在单片机或微型计算机中，存储器是用来存储程序指令和数据的部件。存储器是由许多具有记忆功能的存储电路构成的，每个记忆存储电路存储1个二进制信息（0或1），称为存储器的存储位（Bit），每8个记忆存储电路构成存储器的一个基本单元，存储8位二进制信息，称为存储字节（Byte）。

存储器按读写操作原理可分为：只读存储器ROM（Read Only Memory）和随机存取存储器RAM（Random Access Memory）。存储器按功能可分为程序存储器和数据存储器，按构成材料可分为半导体存储器和磁质存储器。

1）只读存储器（ROM）

只读存储器（ROM）是一种信息写入后就不可更改，只能读出的存储器。即ROM是一次性写入、可随机读出的存储器。一般来说，写入ROM的信息不会由于断电而被破坏，也不会由于断电而丢失。

在汽车电控系统中，ROM用于存储制造厂家编制的控制程序、运行程序和原始试验数据（如喷射系统最佳混合气的喷油三维脉谱图数据、最佳点火提前角三维脉谱图数据等），即使点火开关断开电源，ROM中存储的这些信息也不会丢失。

按照程序要求确定ROM记忆存储电路中各MOS（Metal-Oxide-Semiconductor，金属—氧化物—半导体）管状态（导通或截止）的过程，称为ROM编程。根据ROM编程方式不同，只读存储器（ROM）可分为以下三种。

（1）掩膜ROM。

掩膜ROM简称ROM，是由厂家在制作ROM芯片的最后一道工序时，根据用户和程序要求制作一块决定MOS管连接方式的掩膜，然后再将所需的存储内容制作于芯片中。制作完毕后，用户不能更改存储内容。

（2）可编程ROM（PROM）。

可编程ROM即PROM（Programmable Read Only Memory）。PROM芯片在出厂时未作任何存储操作，现场使用前，用户可用专门的PROM编程器将自己研制的程序或数据一次性地写入PROM中。同掩膜ROM一样，只能写入一次，其存储内容一旦写入就不能更改。

（3）可改写ROM（EROM）。

可改写ROM即EROM(Programmable Read Only Memory with Erasable Contents)，又称为可改写可擦除ROM。EROM芯片存储的内容也是由用户自己采用专门的编程方法写入的，允许反复擦除重新写入。根据擦除信息的方法不同，EROM分为两类：

EROM

> EPROM：是用紫外线照射擦除，称为可改写可擦除只读存储器。

> EEPROM：是用电擦除，称为电可擦除可编程只读存储器。EEPROM可以通过读写操作进行逐个存储单元的读出和写入，且读写操作十分简单，与随机存储器RAM几乎没有差别，不过写入速度比RAM慢一些。EEPROM在断电后仍能保存数据。

2）随机存储器（RAM）

随机存储器（RAM）与只读存储器（ROM）相比有两点不同：

一是RAM中的信息既可随时写入或读出，也可随时改写，改写时不必先擦除原有内容。

二是半导体RAM中的信息会因突然断电而丢失。因此在汽车上，RAM通常用于存储单片机工作时暂时需要存储的数据（如输入/输出数据、单片机运算得出的结果、故障代码、空燃比修正数据等），这些数据根据需要可随时调用或被新的数据改写。

由此可见，RAM起到寄存器的作用。为了保证故障代码、空燃比修正数据等能够较长时间保存，汽车电控系统都将RAM的电源与专用的后备电源电路或蓄电池直接连接，不受点火开关控制。但是，当后备电源电路中断、蓄电池正极或负极端子断开时，存入RAM中的数据仍会丢失。因此在检修或更换蓄电池之前，必须事先调取故障码或采取必要的不断电措施。

3. 输入/输出（I/O）接口

I/O（Input/Output）接口是CPU与传感器或执行器之间进行数据交换和下达控制指令的通道。由于传感器和执行器种类繁多，它们的信号速度、频率、电平、功率和工作时序等都不可能与CPU完全匹配，因此必须根据CPU的指令，通过I/O接口进行协调和控制。

4. 总线（BUS）

总线是微机内部传递信息的电路连线。在单片机内部，CPU、ROM、RAM与I/O接口之间的信息交换都是通过总线来实现。按传递信息不同，总线可分为数据总线、地址总线和控制总线三种。

数据总线主要用于传送数据与指令。数据总线的导线数与数据的位数一一对应。例如，16位微机，其数据总线就有16根导线。

地址总线用于传递地址数码。在微机内，各器件之间的通信主要是靠地址数码进行联系。例如，当需要存入或读出存储器中某个单元的数据时，必须先将该单元的地址数码送到地址总线上，然后才能送出读取指令或写入指令完成读出或写入操作。地址总线的导线数与地址数码的位数及地址数码的传送方式（并行或串行传送）有关。

微机中的器件都与控制总线连接，CPU可以通过控制总线随时掌握各个器件的状态，并根据需要随时向某个器件发出控制指令。

图1-2为MCS—51单片机的基本结构图。

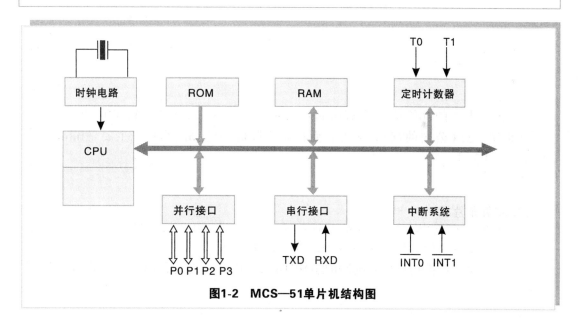

图1-2 MCS—51单片机结构图

（二）单片机的分类

单片机分为通用型单片机和专用型单片机，我们通常所说的单片机就是指通用型单片机。从基本操作处理的数据来看，单片机又可分为4位单片机、8位单片机、16位单片机和32位单片机。目前，汽车上用的主要是8位单片机和16位单片机，也有一些轿车上开始使用32位单片机了。

1. 4位单片机

4位单片机的主要生产国是日本,如夏普公司的SM系列、东芝公司的TLCS系列、NEC公司的μCOM75××和μPD75××系列等。此外,美国TI公司的TMS1000和NS公司的COP400系列也占一定的市场。国内已能生产COP4000的4位单片机。4位单片机的特点是价格便宜,而功能并不很弱,只是CPU为4位。

2. 8位单片机

8位单片机已成为单片机的主要机型。8位单片机又可分为低档的8位单片机,如Intel公司的MCS—48系列和Fairchild公司的F8就属于此类;高档8位单片机,如Intel公司的MCS—51系列,摩托罗拉公司的MC6801,Zilog公司的Z8等;超8位单片机,如Intel公司的UPI—452.83C152,Zilog公司的Super8,Motorola公司的MC68HC11等。由于8位单片机的功能强,价格低廉,因而被广泛应用,特别是高档8位单片机,已成为目前单片机的主要机型。

3. 16位单片机

目前,主要的16位单片机有Intel公司8096,Thomson公司的68200,NS公司的HPC16040,NEC公司的783××等,而得到实际应用的16位单片机主要是Intel公司的MCS—90系列。

4. 32位单片机

32位单片机首推英国Inmos公司的IMST414单片机,它是目前并行处理位数最高的单片机。

(三) MC68HC11系列单片机

MC68HC11系列是摩托罗拉公司生产的高性能8位单片机,是68HC08的增强版本。这里主要对MC68HC11F1进行介绍,其主要特征如下:

- 包含68HC11CPU;
- 两种省电模式 停止和等待;

- 1024B片内RAM，RAM数据在待机时保留；
- 512B片内EEPROM，带区域数据保护功能；
- 异步非归零（NRZ），串行通信接口SCI；
- 同步外围接口；
- 8通道，8位A/D转换器；
- 16位定时器系统。

它包括三个输入捕获通道IC、四个输出比较通道OC和一个可选择作为第四输入或第五输出通道的附加通道。

- 8位脉冲累加器；
- 实时中断电路；
- COP看门狗系统；
- 38个通用输入/输出脚（I/O）；
- 两种封装形式：它包括68引脚PLCC及80引脚TQFP封装。图1-3所示为68引脚PLCC封装的MC68HC11F1。

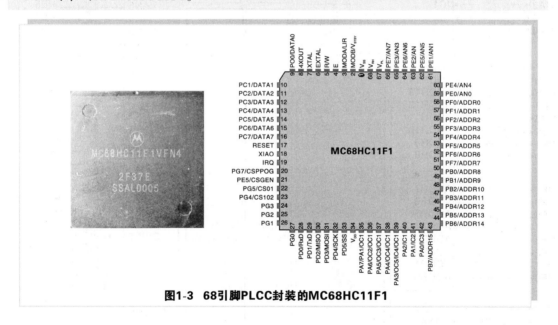

图1-3　68引脚PLCC封装的MC68HC11F1

1. 系统结构

MC68HC11系列单片机的结构如图1-4所示。

图1-4中，微处理器的工作需要供电、复位、时钟等基本信号。电源通过V_{DD}、V_{SS}两个引脚加到MC68HC11F1上，V_{DD}接电源正极，V_{SS}搭铁，5V供电。复位信号端是一个双向控制引脚，当输入低电平时可以使CPU复位，当内部监控时钟电路失效时，RESET输出低电平。因为CPU在电源电压低于一个临界值时将无法工作，复位

必须被有效控制。XTAL和EXTAL两个引脚提供晶振或兼容时钟输入,以控制内部时钟生成电路,石英晶体的频率不应低于总时钟(E引脚时钟)的4倍。石英晶体引脚周围要进行屏蔽,这是影响系统性能的一个不可忽视的环节。同时,对于与石英晶体相连的电容,应选用厂家指定的专用产品。

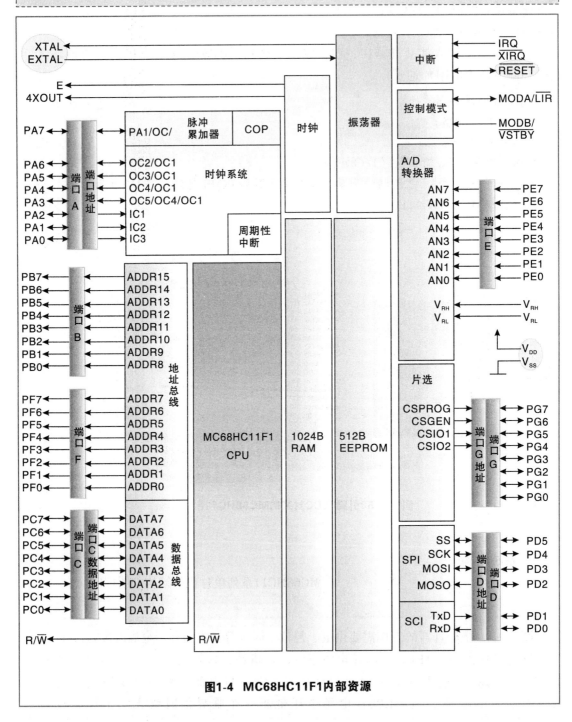

图1-4 MC68HC11F1内部资源

2.芯片应用

华晨金杯海狮客车、华晨中华轿车、安徽奇瑞轿车、天津一汽夏利轿车、南京英格尔等车型采用的是玛瑞利单点电控发动机管理系统。该控制系统中就应用了MC68HC11F1，如图1-5所示。

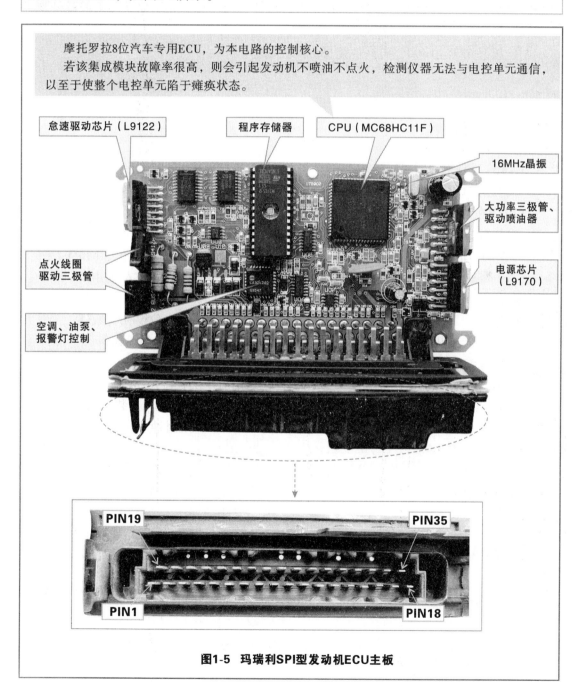

图1-5　玛瑞利SPI型发动机ECU主板

(四)Intel 87C196KR单片机

Intel公司在电子发动机控制领域有着比较长的历史,从1983年应用于福特汽车的基于8061微控制器的EEC IV系统,到应用于EEC V的8065芯片。目前,福特仍然将8065芯片使用在许多新车上。这种16位的架构,如8065和MCS—96控制器,在欧洲和美国被广泛公认,应用在防抱死制动系统(ABS)、发动机管理系统(EMS)、网络应用等领域。从入门级的8061开始,Intel公司可持续提供更新和集成度更高的微处理器,为用户提供更多的产品解决方案。

AN87C196KR是Intel公司高性能16位微控制器。

1. 主要特征

- −40~85℃操作范围;
- 高性能CHMOS16位CPU;
- 32kB在片EPROM;
- 1kB在片寄存器RAM;
- 512B附加RAM;
- 寄存器—寄存器架构;
- 8通道10位A/D转换器带采样保持功能;
- 37级优先中断系统;
- 7个8位输入/输出口;
- 全双工串行通信口;
- 可选择总线定时模式方便系统扩展。

- 专用波特率生成器;
- 振荡器失效检测电路;
- 高速外围处理服务器;
- 两个专用16位高速比较寄存器;
- 10个高速捕获/比较单元(EPA);
- 全双工同步串行输入/输出口(SSIO);
- 两个多功能16位定时/计数器;
- 可选择8/16位总线模式;
- 1.4μs16×16位操作;
- 24pμs32/16位操作;
- 68、84引脚PLCC封装;
- 20MHz系统时钟。

2. 系统构成

图1-6为AN87C196结构框图。

3. 引脚结构

图1-7和图1-8分别为AN87C196的引脚配置图。

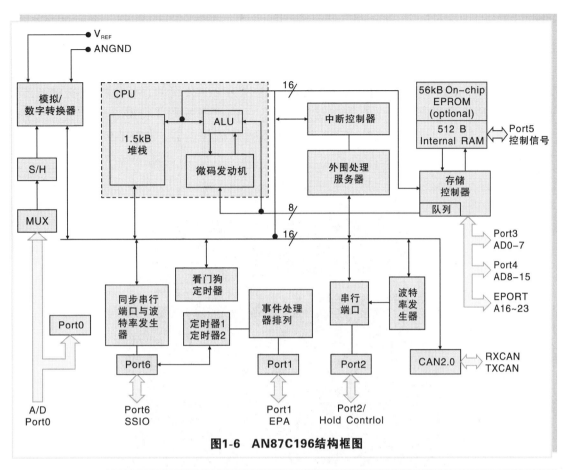

图1-6 AN87C196结构框图

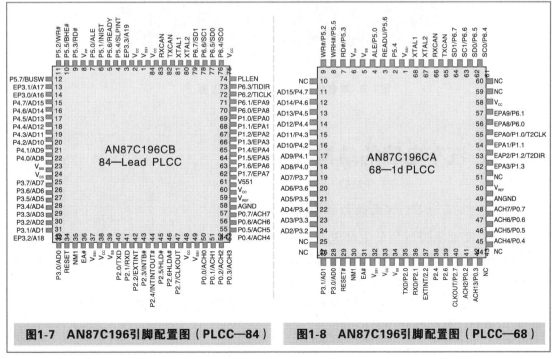

图1-7 AN87C196引脚配置图（PLCC—84）　　图1-8 AN87C196引脚配置图（PLCC—68）

4. 系统应用

AN87C196KR同样具有CAN总线控制器，作为Intel公司的16位单片机的典型产品，在各种汽车控制单元中有着广泛的应用。国内生产的帕萨特B5、时代超人及早期的一些奔驰发动机管理系统中，应用的就是此款微控制器，如图1-9所示。

图1-9 联合电子M3.8.2型ECU主板

二、汽车电脑的结构与原理

现代汽车主要有以下电脑控制装置。

（1）发动机控制装置主要包括：电控汽油喷射系统、电控汽油点火系统、发动机怠速控制系统、废气再循环控制系统、汽油机进气控制系统、汽缸变排量控制系统、可变压缩比系统、柴油机电控系统等。

（2）汽车传动系统控制装置主要有：电控自动变速器、四轮驱动系统控制装置、防滑差速器控制装置等。

（3）汽车转向和行驶系统控制装置主要有：动力转向系统控制装置、电脑控制主动悬架系统、巡航行驶系统控制装置等。

（4）保证行车安全的电控装置主要有：电子控制防抱死制动系统（ABS）、电子防滑系统（ASR）、电子控制安全气囊和安全带装置、防撞报警系统、电子防盗系统等。

（5）满足驾驶员与乘员舒适性和娱乐性的电控装置主要包括：电脑控制的全天候空调系统、自动驾驶系统、汽车导向信息系统、车载电视等。

（6）汽车工程监视及信息管理系统主要有：数字式仪表、油耗指示仪、维修间隔指示仪、汽车导向行驶系统、电子地图等。

（一）汽车电脑控制系统的组成

汽车电脑控制装置作为控制系统的核心，在硬件结构上一般可分为三部分：外部传感器、ECU（Electronic Control Unit）和执行元件，如图1-10所示。

ECU主要由输入接口、微处理器和输出接口组成。

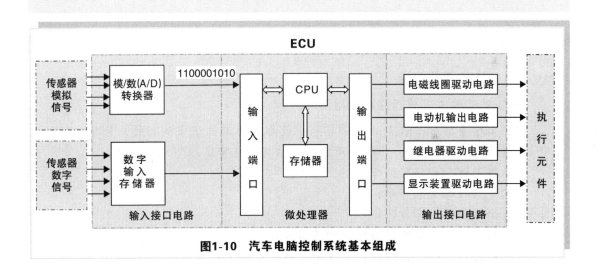

图1-10 汽车电脑控制系统基本组成

1. 传感器

传感器是一种信号转换装置，它可以将汽车运行中各种工况信息，如车速、各种介质的温度、发动机运转工况等转化成电信号传给计算机。传感器信号有两种：一种是模拟信号，另一种是数字信号。信号的形态不同，输入ECU内的处理方法也不一样。数字信号可直接送入微处理器处理，模拟信号则要由A/D转换器（模拟/数字转换器）转换成数字信号后再送入微处理器处理。

2. ECU

ECU是以微处理器为核心的计算机（微机）控制装置，它包括硬件和软件两部分。

1）ECU的硬件结构

ECU的硬件是计算机系统物理组成的总称，由输入接口电路、微处理器和输出接口电路等构成。

输入接口电路：输入接口电路主要完成传感器与微处理器之间的信息传递，其主要功能是对传感器输入信号进行预处理，使输入信号变成微处理器可以接受的信号。

微处理器：微处理器包括CPU、存储器、输入/输出（I/O）端口、总线等。输入信号通过输入端口进入CPU，经过CPU的数据处理后，把运算结果送到输出端口，并同时使执行元件进行工作。

输出接口电路：输出接口电路将ECU与执行元件联系起来，它将ECU下达的指令转变为控制信号，以驱动执行元件进行工作，它起着控制信号的生成与放大等功能。

2）ECU的软件结构

ECU的软件主要分程序和数据两部分。

（1）程序部分：ECU的程序部分一般都是用汇编语言编写的，为了编程、调试、修改和使用方便，一般采用模块化结构，通常有以下几个部分：
- 软件与ECU的匹配部分；
- 软件的控制功能部分；
- 安全保险功能部分；
- 自检及环境测试所需的诊断和通信部分。

（2）数据部分：数据部分可分固定数据和校正数据两类。
- 固定数据与系统的固定特性相关，如控制系统中执行元件的数量等；
- 校正数据与系统可变特性相关，如汽车发动机和变速器的各种特性即为校正数据，校正数据必须根据控制系统用于具体车型进行设定。

ECU的主要功能：

- 接收传感器或其他装置的输入信号，并将输入信号处理成能够处理的信号，如模拟信号转换成数字信号。

- 为传感器提供参考电压：如2V、5V、9V或12V。
- 计算、存储、分析处理信息，存储运行信息和故障信息，分析输入信息并运行相应的计算。
- 输出执行命令，并把弱信号进行功率放大，变为强信号的执行命令。
- 输出故障信息。
- 完成多种控制功能，如在发动机控制中，电脑可完成燃油喷射控制、点火控制、怠速控制等多种功能。

3. 执行元件

执行元件根据ECU输出的控制信号执行某些相应的动作，以实现某些预定的功能，如燃油喷射控制中的喷油器和电动油泵、点火控制中的点火线圈、怠速控制中的步进电动机、自动变速器中控制换挡的电磁阀、空调控制中的压缩机、车身控制中的电动门窗调节电动机等。

（二）汽车电脑的工作原理

当汽车在运行时，各传感器不断检测汽车运行的工况信息，并将这些信息实时地通过输入接口传送到ECU。ECU接收到这些信息时，根据内部预先存储的数据和编写好的控制程序，通过数学计算和逻辑判断，进行相应的决策和处理，确定出适应发动机工况的点火提前角、喷油时间等参数，并将这些数据转变为电信号，通过输出接口输出控制信号给相应的执行元件，执行元件接收到控制信号后，执行相应的动作，实现某种预定的功能。

ECU除了具有控制功能外，还具有故障自诊断功能。在发动机运行过程中，ECU对部分传感器传输的信号进行监测与鉴别。当发现某个传感器传输信号超过规定的范围时，ECU将判断该传感器或相关线路产生故障，并将故障信息代码储存在存储器中，以便维修和调用。与此同时还以一个设定的数据或用其他传感器提供的信号，对发动机实施控制，使发动机进入故障应急运行状态。

下面以玛瑞利SPI型发动机ECU为例讲解。

玛瑞利SPI型发动机ECU电路原理如图1-11（彩图见彩插）所示。电源接通后，由电源芯片L9170的8脚输出低电位的复位信号送到CPU的复位端（17脚），同时送到74HC273的清零端使其输出清零，CPU进入启动状态；首先对内部硬件进行复位，设置相应的寄存器，然后开始Bootloader程序，进行程序装载；将27C512中的主程序读入到内部的RAM中，并通过跳转指令进入程序运行状态。主程序首先从数据总线D2上输出逻辑"1"（高电位）。该信号经74HC273锁存后从6脚输出高电位控制信号，使主继电器接通，将12V电源加到点火线圈及喷油器等外部设备。然后通过PortE、PortA口读入外部传感器信号及转速信号，通过这些信号判断车辆当前运行的工况，并根据当前工况从PortD、PortG口及数据总线（通过74HC273锁存）输出相应的驱动信号，使相应的设备进入运行状态。然后通过PortA、PortD、PortG及数据总线（经74HC244驱动）读入相应设备的状态信息，根据这些信息对控制信号进行进一步优化和调整。逻辑电路和传感器及执行机构由于构成了闭环控制系统，通过反馈信号可不断优化控制系统，使发动机处于最佳状态。

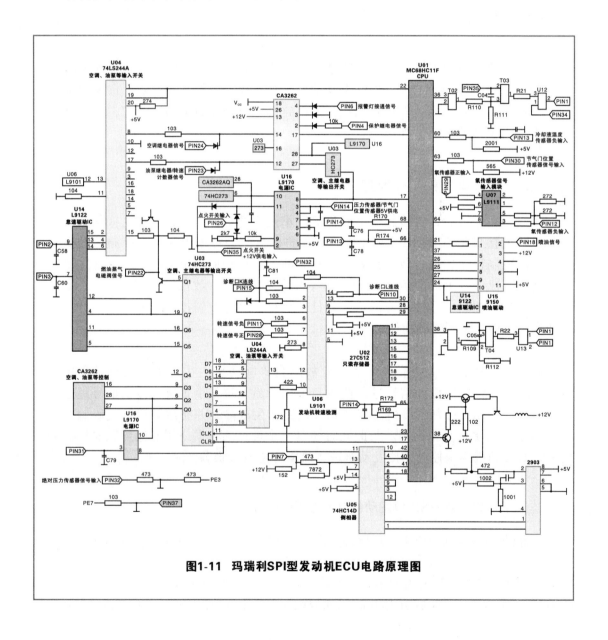

图1-11　玛瑞利SPI型发动机ECU电路原理图

三、汽车电脑的故障特点及万用表检测

（一）汽车电脑故障特点

在动手检修电脑之前，要先对电脑的控制电路（即外电路）进行检查，排除电路中的故障。因为如果在外电路存在故障的情况下，易造成对电脑进行误修，即使修好了或是换用一块新电脑板，还会因外电路的故障而再次损坏电脑。

外电路故障排除后，如果确定是电脑损坏，可对电脑板进行检修。据统计，有90%被损坏的电脑都是可以修复的。

下面就实际工作中常见故障及其修理进行分类讲述。

1. 电脑电源部分故障

这种故障一般是因为就车充电时，因充电机电压调整过高，或极性接反，或充电的同时打开点火开关，甚至起动发动机，或发动机在运转过程中，电池接头松脱造成发电机直接给电脑板供电等原因造成的。这种情况一般会烧坏大功率稳压二极管等元件，只需更换即可，比较容易修复。

2. 输入/输出部分故障

这种故障一般是因放大电路元件烧毁，有时是电路板上线路烧断造成的。

例如：某修理厂在对一台美国雪佛兰轿车翻新烤漆后，发现发动机不能起动，且如果打开点火开关时间一长，汽油会从排气管、油底壳等处溢出来。

打开点火开关后，发现6只喷油器全部处于全开状态，汽油直接从喷油器流入汽缸，流满后溢出，检查外电路并未发现问题，可以断定是电脑中的输出控制有故障。打开电脑盒检查发现对喷油器的控制信号进行放大的一只大功率三极管已经击穿短路，造成了喷油器通电即处于常开状态。更换一只相同型号的三极管并清理更换发动机机油后，发动机即可正常运转。

这里需要注意：很多电喷车辆经过烤漆后，再起动时经常会出现各种故障，这是因为经过烤漆后在汽车内部，特别是电路设备内部积聚了高温和热量，且这些热量从内部深处散发出来比较缓慢，而电气设备在高温状态下工作极易发生故障。因此在烤漆后不要立即将车开出来，而应经过充分的冷却后方可起动，如果时间紧需要腾出烤漆房，可以用人力将车推出来，待其充分冷却后，再行起动。

3. 存储器部分故障

前面讲到存储器共有4种，如可清除可编程存储器（EPROM或EEPROM）出现问题，可进行更换。先找一只已知良好的带有程序内容的存储器芯片，然后用一只同型号的空白芯片，通过编程器，从原片中读出程序，再写入到空白芯片中去，从而复制出新的芯片，再将新的芯片装入电脑即可。

这里要注意的是：一般汽车厂家都规定最多只能复制3~7次，次数超过后就不能再使用了，也有的厂家通过加密手段使芯片一次也不能复制。对于大众系列的汽车，可用原厂仪器V.A.G 1551对电脑进行程序更换，或对空白芯片进行程序写入。

4. 特殊故障

被水浸过的车辆，电脑板往往会被腐蚀，造成元件引脚断路、粘连或元件损坏，因此要逐一检查修复或更换元件。例如：某修理厂接修一辆凯迪拉克轿车，故障现象是：发动机正常运转时如果开闭前照灯或其他电气设备就会出现排气管放炮现象，严重时可将排气管炸裂。经检查发现外电路并无问题，怀疑电脑有故障。打开电脑盒仔细检测，发现有一处搭铁线因腐蚀断路，此接搭铁正是氧传感器的信号屏蔽线通过电脑内部搭铁的位置，接搭铁断路使屏蔽失效，而造成氧传感器信号受到其他电器的干扰，用锡焊接通后，即恢复正常。

（二）用电压法检测汽车电脑

用电压法检测即是用万用表的电压挡对ECU内关键点的电压进行实时测量，以找出故障部位。这些关键点主要是各集成电路的供应电源、线路中连接蓄电池的主电源、受点火开关控制的电源，内部经过集成稳压器或调整三极管输出的稳压电源。一般来讲，电路中的数字电路、微处理器等均工作在5V或更低的工作电压下，12V的蓄电池电压是无法直接加到这些元件的电源引脚上的，必须由稳压电路为其工作提供合适的工作电压。稳压电路在降低电压的同时可滤掉脉冲类干扰信号，以避免对数字电路的工作带来影响。

对于这些关键电路的供应电源来讲，工作期间电压是固定不变的，但是最好的测量方法是在静态下（开启点火开关但车辆未起动）。采用数字万用表对ECU内的集成电路的供电进行检查，当相关电源电路工作失常时，往往会影响一大片的元器件，导致其不能工作。采用此种方法只需要使用万用表，不需要其他专用仪器，因而简便易行。

（三）用电阻法检测汽车电脑

电阻检测法是利用万用表的欧姆挡，通过检测线路的通与断、阻值的大与小，以及通过对元器件的检测，来判别故障原因和故障部位。此种方法主要用于元器件和铜箔线路的检测。

（1）对于元器件的检测，除了常规的电阻、二极管、三极管等外，一些集成电路也可以采用此种方法进行检测。对于集成电路来讲，如引脚功能结构相同、外电路结构相似，那么正常情况下，其搭铁电阻是十分接近的，因此可以使用数字万用表对其进行正、反向（调换表笔方向）的测量，然后将测量值进行比较，找出故障点。这种测试方法对于一些找不到芯片资料，而元件外部连线结构形式相同的集成电路来说是一个很好的测量方法。

（2）铜箔线路开裂、因腐蚀而造成断路也是经常发生的故障。开裂可能是因为受外力的影响而造成的，而ECU进水是造成铜箔腐蚀断路的主要原因。很多车辆的ECU/ECM/PCM安装于驾驶室的地板下或侧面，踏脚板的旁边，在一些特殊情况下，ECU/ECM/PCM内很容易进水，如不及时处理，铜箔在水气的作用下逐渐腐蚀，直至故障完全显现。

在分辨铜箔线路是否断路时，可使用万用表R×1挡。若一条铜箔线路很长，弯弯曲曲，为了证实它的两端焊点是相连的，可对其两端点进行电阻值的测量，如阻值为零说明是同一条线路。

四、汽车电控单元的故障自诊断

现代汽车微机控制系统具有自诊断的功能，所谓自诊断，就是对车辆单独的电控单元进行检测，比如对发动机、变速器、ABS和仪表等控制单元进行检测。当电控系统出现故障时，这里以发动机电控系统出现故障为例，"CHECK ENGINE"（发动机检查）灯会点亮，同时ECU将故障码输入存储器，通过一定的程序，故障码可以从ECU中调出，根据故障码所显示的内容，能迅速准确地确定故障部位的性质，有针对性地查找，当故障排除后，还应当清除存储器所存储的故障码。

（一）自诊断测试

在进行自诊断测试时，首先要进入自诊断测试状态。不同的生产厂家，其进入自诊断测试状态的方法不同，主要有以下几种：

（1）用跨接线跨接"诊断输入端子"和"搭铁端子"；
（2）按压"诊断按钮开关"；

（3）拧动微机控制装置上的"诊断开关"；
（4）同时按下空调面板上的"OFF"和"WARM"键；
（5）点火开关按照"ON"→"OFF"→"ON"→"OFF"→"ON"次序循环一次。

进入自诊断测试状态后，不同的诊断测试模式，将完成不同的诊断测试功能。一般有两种诊断测试模式：

①静态测试模式：即点火开关在"ON"位置，在发动机不运转的情况下测试。该模式下，主要是提取存储器中的间隙性故障的故障码和在静态测试状态下发生故障的故障码。

②动态测试模式：即点火开关在"ON"位置，在发动机运转的情况下测试。该模式下，主要是读取在动态测试状态下发生故障的故障码或进行混合气成分的监测模式和故障清除模式等故障码。

（二）故障码的显示

发动机微机控制自诊断系统，大都将其诊断的结果以故障码的形式显示出来，故障码的含义在相应的维修手册上都有详细的解释，根据故障码可以很方便地查找到故障源。虽然各种各样的发动机微机控制自诊断系统显示故障码的方式各有不同，但常见的显示方式有以下几种。

（1）利用仪表盘上故障指示灯的闪烁规律读取故障码，如丰田、本田、部分通用、福特、克莱斯勒车系等。图1-12所示为丰田威驰轿车故障指示灯。

图1-12　丰田威驰轿车故障指示灯

（2）利用车上显示器读取故障码，如林肯大陆、通用卡迪拉克等车型。在进行自诊断测试时，故障码以数码的形式显示在组合仪表的信息显示屏上，一般在温度显示屏上显示。要进行自诊断测试状态，应按下设定的控制键，有时需要同时按下两个或三个控制键。

（3）利用指针式万用表的指针摆动规律或自制二极管的闪烁规律读取故障码，如三菱、现代、奔驰、宝马车系等。

（4）利用电控单元上红、绿色发光二极管的闪烁规律读取故障码，如日产车系等。

另外，利用发动机微机控制系统专用测试仪，不仅可以从其液晶显示屏上直接读取故障码，也可以动态测试系统各传感器和执行器的参数值。

（三）故障码的清除

断开通往发动机ECU的电源线或熔断丝，就可以清除ECU存储的故障码。把汽车蓄电池负极或ECU的熔断丝拔掉约30s即可。但要注意：使用拆除蓄电池负极的方法清除故障码，将会使石英钟和音响等装置的内存一起被清除。因此，清除故障码时，最好按维修手册中所指示的方法进行，不可随意拆除蓄电池负极。

清除故障码后，起动发动机，看发动机故障指示灯是否闪亮，若又闪亮，说明系统仍存在故障，还需进一步诊断。

（四）常见诊断仪介绍

下面以大众诊断仪VAS 5051为例做介绍。

1. 简介

VAS 5051是一个便携式设备。检测人员通过压敏彩色显示屏（触摸屏）对其进行操作。它由自诊断、测量仪、示波器、故障引导程序等组成，外观如图1-13所示，其测量仪如图1-14所示。

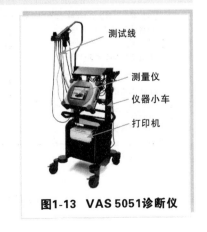

图1-13　VAS 5051诊断仪

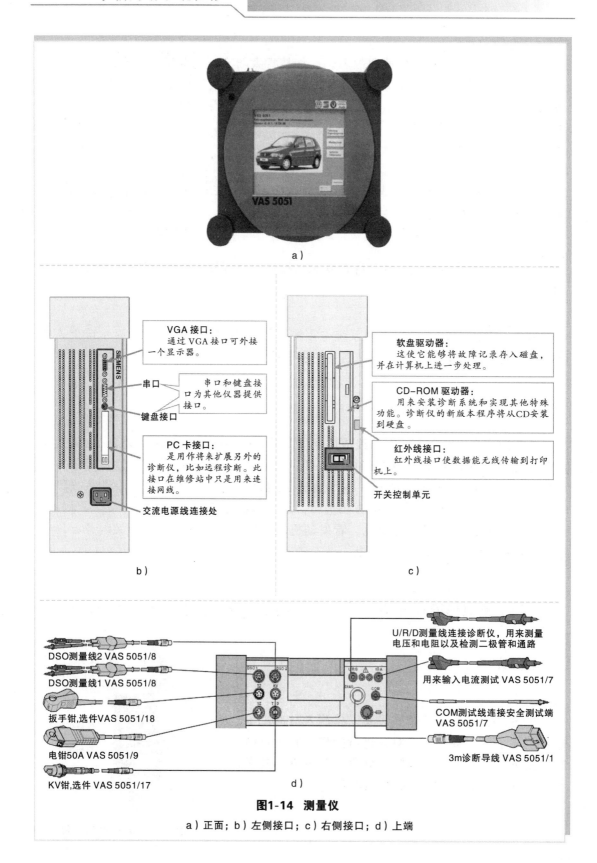

图1-14 测量仪

a）正面；b）左侧接口；c）右侧接口；d）上端

2. 诊断仪的使用

接通诊断仪后,操作程序会自动启动,当系统的启动屏显示在显示屏上时,就可以操作诊断仪了。你可以从系统的启动屏启动下列模式:车辆自诊断、测量技术、导向性故障查询、管理(图1-15)。当然,也可以在所有模式中选择"帮助"功能,它提供操作信息和导航按钮的功能。

图1-15 启动界面

3. 自诊断功能

选择车辆自诊断按钮,即进入了如图1-16所示的界面。

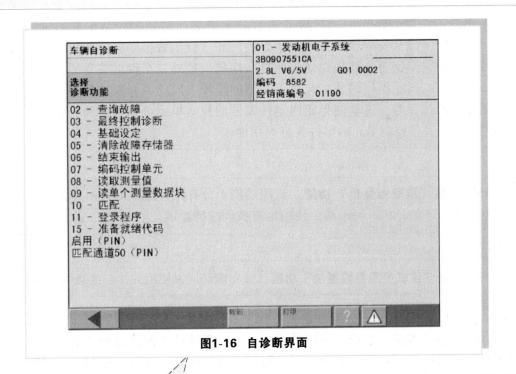

图1-16 自诊断界面

其中:**02项目是"查询故障"功能**。该项功能可以直接查询到控制单元内存储的故障记忆。

03项目是"最终控制诊断"功能。该功能是诊断仪主动激活控制单元所控制的执行元件进行动作，通过人为地观察执行元件的工作情况来判断执行元件的状况。

04项目是"基础设定"功能。该功能完成控制单元和执行元件之间基础的电位设定。比如，发动机控制单元的基础设定是完成节气门和控制单元之间的电位匹配；空调系统的基础设定是完成空调电机和控制单元之间的电位匹配；前照灯控制单元的基础设定是完成前照灯照程电机和控制单元之间的电位匹配等。

05项目是"清除故障存储器"功能。该功能的执行是清除掉控制单元内部储存的故障记忆。

06项目是"结束输出"功能。该功能用于退出自诊断功能。

07项目是"编码控制单元"功能。通过对控制单元的编码，可以改变和实现控制单元不同的功能。比如，通过对奥迪A6轿车中央门锁系统控制单元的编码的改变，可以分别实现"安全锁"、"行车自锁"和"锁车警报"等功能，这就使得控制单元的功能得到提升，并且在使用上更人性化。另外，车辆上装备的每一个控制单元都有一个编码，编码的数字包括了车型的选择、发动机和变速器类型的选择以及使用地区的选择等，这就使得相同零件编号的控制单元可以通过编码的改变去适应不同的车型，使控制单元的零件具有通用性。

08项目是"读取测量值"功能。该项功能十分有用，通过对控制单元各个数据块的静态和动态的分析，可准确、快速地查找到故障原因。

09项目是"读单个测量数据块"功能。该功能是厂家使用的，在维修中没有用。

10项目是"匹配"功能。通过该功能，加上不同的匹配通道和数据，可以修改控制单元内部的一些参数，从而改变控制单元的一些使用特点。比如，通过仪表的匹配可以改变仪表的语言，修改维护里程的显示，进行燃油消耗曲线的匹配等。

11项目是"登录程序"功能。该功能用于一些重要的设置。设置时，首先输入一个特定的登录码，然后控制单元才允许向下进行匹配。比如，发动机控制单元定速巡航功能的开启和关闭功能的匹配等。

4. 测量功能

在系统启动屏中选择"测量技术"模式，即可进行测量。该项功能包括万用表的使用功能，即诊断仪可以测量电压、电阻和电流。另外，还可以测量传感器的波形。在实际的维修工作中，诊断仪在对控制单元进行电脑检测的同时，还需要对线路和传感器进行测试。该诊断仪的这项功能可以兼并在内。

5. 故障引导功能

该项功能的实现需要诊断仪内部储存的大量车型数据的支持。由于现代车型的更新变化很快，对维修人员要掌握的车辆技术和车型信息的要求就越来越高。如果这些新的车型信息已经存储在诊断仪中，当维修人员需要某项信息的时候就可以马上调出来，并且诊断仪可以根据故障记忆的描述，通过自身强大的数据库，帮助维修人员查找故障。当然，诊断仪储存的车辆信息，要根据厂家车型的变化定期进行升级更新。

当执行该功能时，选择了要检测的车型后，诊断仪就会调出该车型的信息，并且把该车型上的所有的控制单元检测一遍。检测完毕后，根据检测到的故障记忆，诊断仪就可以指导进行下一步的维修工作，查找故障原因。

6. 功能引导

随着车辆控制单元的增多，每个控制单元下面都有很多的功能匹配和信息说明。这个功能项目的作用是帮助维修人员主动地对某个控制单元进行操作，通过这种操作来完成对控制单元的匹配和故障查找等工作。

五、汽车电脑的编码与匹配

(一) 控制单元编码

各种车型都对应着不同编码的控制单元。如果控制单元编码与车型不匹配,会造成许多不良后果,例如换挡冲击、发动机燃烧不良、废气排放超标、油耗增加、机械寿命降低等。为此,控制单元内设置了可以改变的控制单元编码。通过改变控制单元编码,就可以改变控制单元内的存储内容,以此来改变控制单元的工作模式,以适应不同的发动机、变速器、车辆车身或传动系统,也可适应不同的气候、道路条件和不同国家的交通法规。

控制单元编码在车辆出厂之前已经设定,但如果控制单元损坏更换新的控制单元后,显示编码不正确或新控制单元没有编码,就要对新控制单元进行编码。

(二) 防盗系统的匹配

现代汽车一般都装有防盗系统,例如大众车系,当防盗系统经过与发动机控制单元匹配后,会介入到发动机管理系统中。

当更换发动机控制单元或因防盗系统起作用而发动机不能起动(发动机运转3s后熄火),防盗系统没有任何电路故障,此时必须使用解码器重新与防盗器控制单元进行匹配后,才能起动发动机。

当更换防盗控制单元时,发动机控制单元的随机代码自动被防盗控制单元读入并存储起来,此时须重新做一次所有钥匙匹配程序。当更换了从其他车上拆下来的防盗器控制单元后,须重新做一次发动机控制单元匹配程序,然后重新做一次所有钥匙匹配程序。

(三) 汽车电脑的编码与匹配举例

1. 帕萨特B5 1.8T控制单元编码

如果车辆的故障码没有显示或控制单元已更新,则必须按下述步骤给控制单元编码。

第一步: 将故障诊断仪V.A.G1551同发动机控制单元连接并选择地址码01,打开点火开关,屏幕显示:

> 快速数据传递　　　　　　帮助
> 选择功能××

第二步：按0和7键，选择"控制单元编码"并按Q键确认，屏幕显示：

```
确定控制单元编码              Q
输入代码×××××（0-32000）
```

第三步：给车辆输入适当的代码号，并按Q键确认。
代码的组成部分如下例：

欧盟成员号	04
带牵引力控制系统的前轮驱动	0
五挡手动变速器	0
AEB发动机	2
则代码号为	04 0 0 2

第四步：故障诊断仪V.A.G1551将显示控制单元的识别码，例如：

```
4B0907557A..    1.81tr. R4/5VT MOTR HS AT D..    →
编码04002                        WSC 06388
```

第五步：关闭点火开关并再次打开。在下一次打开点火开关时，新输入的代码将被确认。按▶键，屏幕显示：

```
快速数据传递              帮助
选择功能 ××
```

第六步：按0和6键选择结束输出功能，按Q键确认。

2. 发动机控制单元代码的类别

AEB发动机控制单元代码的类别如表1-1所示。

发动机控制单元代码的类别   表1-1

国家/排放法规	驱动/附加功能	变速器	车型
00= —	0= 带牵引力控制系统的前轮驱动	0= 5挡手动变速器	0= —
01= —	1= —	1= —	1= —
02= 非欧盟成员（MVEG I）	2= 不带牵引力控制系统的四轮驱动	2= —	2= AEB
03= —	3= —	3= —	3= —
04= 欧盟成员（MVEG II）	4= —	4= —	4= —
05= —	5= —	5= 自动变速器（5HP19）	5= —
06= —	6= —	6= —	6= —
07= —	7= —	7= —	7= —
08= 中国及独联体	8= —	8= —	8= —

3. 丰田车系防盗系统遥控器设定与恢复程序

丰田车系所采用的防盗系统是控制起动机继电器控制线圈的回路，当设定防盗时发动机便无法起动。

1）丰田原厂防盗遥控器诊断程序

（1）将点火钥匙插入点火锁芯，并置于OFF位置，将驾驶侧车门打开。

（2）将防盗电脑9号端子搭铁1s以上，再将钥匙取出，10s内，关上驾驶侧车门，并锁上车门锁。

（3）在此时门锁会自动打开，如果没有自动开启门锁则可能是线路不良或主电脑故障。

（4）如果门锁自动打开，则在10s内按下遥控器上任何一个按键后应会有门锁动作状况，并代表故障原因。

- 如果没任何反应表示遥控器不良，或主电脑故障。
- 如果是"锁→开→行李舱开"表示系统正常。
- 如果是"锁→锁→锁→开→行李舱开"表示电动机故障。

2）丰田遥控器重新设定及复制程序

（1）将防盗主电脑9号端子搭铁，此时所有门会锁上再开启，同时行李舱也会开启。

（2）此时按遥控器上任意一键时，会锁上所有车门和开启所有车门，并且行李舱锁也会动作一次。

（3）若要复制第二个遥控器，则重复上述步骤即可。

（4）拆开主电脑9号端子搭铁，即完成设定及复制程序。

4. 上海别克轿车遥控器匹配方法

上海别克轿车装有遥控门锁系统，该系统具有锁闭车门、开启车门和打开行李舱的功能；具有报警功能的遥控门锁系统还会使喇叭鸣响，使车内灯点亮，使车辆前照灯点亮的功能。此款车遥控门锁系统由遥控发射器（遥控器）和接收器组成。接收器位于仪表板上，由车辆蓄电池通过仪表线束供电。接收器判断遥控器正在传送的指令，并将该信号送入车身控制模块（BCM）。遥控器是一个3V锂电池驱动的手控装置，该遥控器的操作范围是1~9m。当更换遥控器电池后，或者遥控器因超出遥控范围而被激活的次数超过256次时将会引起遥控器不同步。使用上海别克轿车遥控器的同步方法是：同时按下遥控器上的"开锁"和"锁闭"按钮并至少保持7s或等到喇叭鸣响3次。

如果有一个遥控器丢失，使用新的遥控器时，需要对其进行匹配（让接收器认识新的遥控器）。这项工作可以使用扫描工具完成，在没有扫描工具的情况下，遥控器的匹配方法如下：

（1）坐在车辆的驾驶员座椅上；
（2）将点火钥匙从点火锁芯中拔出；
（3）关闭所有车门；
（4）按住门锁开关上的"开锁"按钮；
（5）将门锁开关保持在"开锁"的位置，插入并拔出点火钥匙2次（注意：不要转动点火钥匙）；
（6）第3次插入点火钥匙并将点火钥匙保留在点火锁芯中（注意：在其余的程序中，点火钥匙必须保持在LOCK的位置上）；
（7）松开门锁开关上的"开锁"按钮，将听到3声鸣响（该鸣响表示遥控器匹配正在进行）；
（8）同时按住遥控器上的"开锁"和"锁闭"按钮并保持12s，听到2声鸣响，即表示遥控器匹配已成功；
（9）对其他遥控器（最多4个）重复上述步骤即可；
（10）将点火钥匙从点火锁芯中拔出，退出程序。

六、帕萨特B5中控门锁不受控，车体进入防盗状态的原因与解决方法

故障现象：

帕萨特B5轿车进行全车清洁后，电动车窗不能正常升降，而且中控门锁系统不受控制，车体进入防盗状态。

故障分析：

该车采用CAN-BUS多路信息传输系统，在驾驶员座椅前端的地毯上有一块舒适系统控制单元J393，它控制的设备有车窗、中央门锁、防盗、后视镜系统。该车在清洗前正常，而清洗后出现故障，经分析，初步判断是由于舒适系统控制单元J393进水造成电路板损坏，导致各系统不受控制。

故障原因：

经检查，发现舒适系统控制单元J393确实进水。

解决办法：

对该控制单元进行除湿、防锈处理后系统正常工作，故障排除。

思考与练习

1. 说明单片机、微型计算机和汽车电脑的关系。
2. 简述汽车电脑的组成及各部分的功能。
3. 存储器可分为哪些类型？ROM、RAM在功能上有何不同？
4. 汽车电脑的万用表检测方法有哪些？
5. 查阅资料或通过实验，说明如何用万用表检测汽车电脑内的电阻、三极管、场效应管及光电耦合器等元器件。
6. 根据自己在实验室和下厂实习所见，列举常见车系的故障诊断仪的名称及使用方法。
7. 在图书馆或网上进行资料检索，列举常见车型的汽车电脑的编码与匹配方法。
8. 列举两种常见车系遥控器的匹配方法。

实训工单一

项目名称：汽车电脑的认识及元器件检测

班　级＿＿＿＿＿＿　学　号＿＿＿＿＿＿　姓　名＿＿＿＿＿＿

分组号＿＿＿＿＿＿　日　期＿＿＿＿＿＿

能力目标：

1. 能说出汽车电脑部分常用元器件的结构特点。
2. 能使用万用表对各个元器件进行检测。
3. 能认识汽车发动机电脑，并说出其主要部件的名称和功能。

器材、仪器：

发动机电脑板（每组一块）、2Ω电阻（每组一个）、晶体三极管（NPN、PNP每组各一个）、场效应管（N沟道、P沟道每组各一个）、光耦（每组一个）、万用表（每组一个）。

任务一：安全气囊替代电阻的检测

1. 万用表检测电阻的基本步骤为：

2. 经检测，该电阻的阻值为＿＿＿＿。该电阻的色环为＿＿＿＿＿。

3. 万用表检测小电阻时的注意事项：

4. 万用表检测安全气囊替代电阻的意义：

任务二：晶体三级管的检测

1. 晶体三极管的认识：
两只三极管的型号分别为_____、_____。
分别画出它们的电路符号，并标明管脚：

2. 万用表检测三极管的基本步骤、好坏判断、引脚判别：

3. 经检测，_____为NPN型、_____为PNP型。
4. 查询三极管的参数说明文件，并读取有关信息。

任务三：场效应管的检测

1. 场效应管的认识：
两只场效应管的型号分别为_____、_____。
分别画出它们的电路符号，并标明管脚：

2. 万用表检测场效应管的基本步骤、好坏判断、引脚判别：

3. 经检测，_____为N沟道、_____为P沟道。
4. 查询场效应管的参数说明文件，并读取有关信息。

任务四：光耦的检测

1. 光耦的认识：光耦的型号为_____。
画出其电路符号，并标明管脚：

2. 万用表检测光耦的基本步骤、好坏判断、引脚判别：

3. 查询光耦的参数说明文件，并读取有关信息。

任务五：认识汽车发动机电脑

1. 该发动机电脑的型号为_____，采用_____封装。一般用于_____车型。
2. 该发动机电脑的针脚有_____个。其中空脚有_____个。画出针脚排列示意图，说出针脚排列规律。

3. 打开发动机电脑板，认识其内部的CPU、晶振、存储器、码片、电源模块、输入信号处理模块、输出前置驱动、输出驱动管等主要部件，了解其功能。

学习任务2　动力CAN总线的检测与修复

××××××汽车维修有限公司
维修委托书

工单号 No: 200803512

客户名称：张三　　车牌号：××x0088　　购车日期：2005年3月6日　　联系电话：×××××××××

联系人：张三　　车　型：奇瑞A5　　Vin No.：××××××××××××××××

送修日期：2008年3月25日　　交付日期：2008年3月27日　　行驶里程：88130

故障报修症状描述	仪表盘上多个故障指示灯点亮	交接物品	无
提车要求	付款方式：☑现金　□刷卡　□支票　其他：	其他	洗车 是☑ 否□　带走旧件 是☑ 否□

序号	报　修　项　目
1	更换发动机动力控制单元
2	
3	
4	
5	
6	

小计：　元

备注	维修检查及施工情况详细见《维修检查·施工单》			
	旧件检查	空罐	旧件	油量　E 1/4 1/2 3/4 F

全车外观检查

车身如有变形、油漆划痕、玻璃、灯具裂痕等损伤，请在示意图中的方格内标注"√"。

维修委托书细则

甲方：（客户）
乙方：××××××汽车维修有限公司
维修细则：
1. 甲方已确认无包括现金在内的贵重物品遗留在车上。
2. 甲方已阅读并理解了本委托书及对应的《维修检查·施工单》上的所有内容，同意按乙方所列的维修项目和价格进行维修，甲方愿意支付相关的维修服务费及零件费。
3. 乙方同意甲方对维修车辆进行维修试车，包括场地试验或路试。
4. 如果甲方同意不带走旧件，乙方可以在甲方提车后对旧件进行处理。
5. 甲方确认并同意乙方已经充分告知的关于车辆检测或维修的相关情况，同时乙方有权采取必要的措施（包括但不限于拆解车辆的机械、电路及发动机等）进行检测或维修。同意乙方在对车辆进行进一步检测或维修时不再行通知甲方。
6. 如因乙方过失致使维修车辆或部件损坏，乙方赔偿的范围仅限于维修或更换损坏车辆的部件，甲方同意不再提出其他赔偿要求。
7. 甲方应事先备份维修车辆上安装的所有软件或可存储数据信息。无论如何，维修车辆上安装的所有软件或可存储数据信息的损坏或丢失，乙方不作赔偿。
8. 甲方应在乙方通知提取车辆之日起壹个月内提取车辆，逾期不取，乙方有权按政府公布的停车费价格收取保管费用。
本人确认已经清楚理解并接受以上维修细则。

甲方（客户）签名
张三
日期：2008年3月25日

公司地址：××××××
救援热线：×××××××××××　服务热线：020-×××××××××　传真：020-×××××××××
开户行：×××××××　账号：××××××××××××　乙方代表(接待员)：王先生

第一联：客户（取车凭证，请注意保管）

某客户送来一辆奇瑞A5轿车，仪表盘上多个故障指示灯点亮，要求给予维修。

要完成这个工作任务，我们首先需要知道汽车动力CAN总线系统的结构与原理、检修动力CAN总线的各种方法。下面就分步来完成本学习任务。

情境　仪表盘上多个故障指示灯点亮

随着汽车技术的不断发展，汽车上采用的电控系统的数量越来越多，多个处理器之间相互连接、协调工作并共享信息构成了汽车车载计算机网络系统，简称车载网络。车载网络运用多路传输技术，采用多条不同速率的总线分别连接不同类型的总线，并使用网关服务器来实现整车的信息共享和网络管理。

一、车载网络的发展简史

从1980年起，汽车内开始安装网络系统。1983年，丰田公司在世纪牌汽车上最早采用了应用光缆的车门控制系统，车上的ECU可对各车门的门锁、电动车窗进行控制，这是早期在汽车上采用的光缆系统。此后，光缆网线并没在汽车上广泛应用。

1986～1989年间，在车身系统上采用了铜线网络。那时日产公司的车门多路传输集中控制系统、通用公司的车灯多路传输集中控制系统等，都已处于批量生产的阶段。在此期间，一些车载网络标准也纷纷推出，如：德国的博世公司提出了控制器局域网（Controller Area Network），简称CAN。美国汽车工程师学会（SAE）提出了J1850，通过了CAN的标准，明确地表示将转向CAN协议。

随着汽车技术的发展，欧洲又以与CAN协议不同的思路提出了控制系统的新协议TTP（Time Triggered Protocol），并在X-by-wire系统上开始应用。

与这些网络采用不同思路开发的是信息系统。该系统在开关及显示功能控制用的信号系统信息设备之间建立网络，下一步是利用光纤将显示数据进行传递。

为了实现音响系统的数字化，建立了将音频数据与信号系统综合在一起的AV网络，因为这种网络需要将大容量的数据连续地输出，因此，在这种网络上需采用光缆。

当汽车引入智能交通系统（ITS）后，由于要与车外交换数据，所以在信息系统中将会采用更大容量的网络，例如D2B（Digital Data Bus，数字数据总线）协议、MOST及IEEE1394等。

主要车载网络的名称、概要、通信速度与研制单位，如表2-1所示。几种车载网络的开发时间、采用厂家，如表2-2所示。几种网络的成本比例及通信速度，如图2-1所示。

主要车载网络基本情况   表2-1

车载网络的名称	概　　要	通信速度	研制单位
CAN(Controller Area Network)	车身/动力传动系统控制用LAN协议，最有可能成为世界标准的车用LAN协议	1Mbps	博世公司(开发)，ISO
VAN(Vehicle Area Network)	车身系统控制用LAN协议，以法国为中心	1Mbps	ISO
J1850	车身系统控制用LAN协议，以美国为中心	10.4kbps 41.6kbps	福特公司
LIN(Local Interconnect Network)	车身系统控制用LAN协议，液压组件专用	20kbps	LIN协议会
IDB-C(ITS Data Bus On CAN)	以CAN为基础的控制用LAN协议	250kbps	IDM论坛
TTP / C(Time Triggered Protocol by CAN)	重视安全、按用途分类的控制用LAN协议，时分多路复用(TDMA)	2Mbps 25Mbps	TIT计算机技术公司
TTCAN(Time Triggered CAN)	重视安全、按用途分类的控制用LAN协议，时间同步的CAN	1Mbps	博世公司
Byteflight	重视安全、按用途分类的控制用LAN协议，通用时分多路复用(FFDMA)	10Mbps	宝马公司
FlexRay	重视安全、按用途分类的控制用LAN协议	5Mbps	宝马公司 戴姆勒-克莱斯勒公司
DDB / Optical(Domestic Digital Bus / Optical)	音频系统通信协议，将DDB作为音频系统总线采用光通信	5.6Mbps	C&C公司
MOST(Media Oriented system Transport)	信息系统通信协议，以欧洲为中心，由克莱斯勒和宝马公司推动	22.5Mbps	MOST合作组织
IEEE1394	信息系统通信协议，有转化成IDB1394的动向	100Mbps	1394工业协会

几种车载网络开发时间、采用厂家情况   表2-2

年　份	车载网络	厂　家	备　　注
~1986	D2B开发	飞利浦公司	1986年2月北美车采用LAN
	CAN开发	博世公司	1986年12月欧洲车采用LAN
	VNP开发 CAD开发	北美	1987年12月日本车采用LAN
1988	MOST开发 CCD开发 VAN开发	美国车采用	
1991	CAN开发	欧洲车采用	
1992	D2B D2B Optical开发	日本车采用	

续上表

年　份	车载网络	厂　家	备　注
1994	J1850 VAN	SAE认可，ISO批准	
1995~	D2B	欧洲车采用	以汽车厂为主，对新LAN进行研究
2000~	发表LIN 发表YRTTP 发表Byteflight 发表TTCAN		发表了许多新的LAN

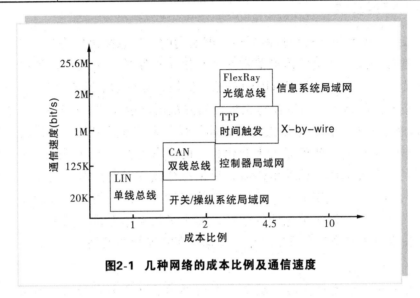

图2-1　几种网络的成本比例及通信速度

二、常用基础术语

（一）局域网

　　局域网是指在一个有限区域内连接的计算机网络，简称局域网。一般这个区域具有特定的功能，通过这个网络实现系统内的资源共享和信息通信。连接到网络上的节点可以是计算机、基于微处理器的应用系统或智能装置。汽车上的网络是一种局域网与现场总线（Field Bus）之间的结构，数据传输速度一般为10~103kbps，传输距离在几十米的范围内。

（二）现场总线

　　现场总线是在工业过程控制和生产自动化领域发展起来的一种网络体系，是一种在过程现场安装在控制室先进自动化装置中的串行数字通信链路。该系统是过程自动化和制造自动化最底层的现场设备或与现场仪表互联的通信网络，是现场通信网络与控制系统的集成。

（三）CAN

CAN，全称为"Controller Area Network"，即控制器局域网，是国际上应用最广泛的现场总线之一。最初，CAN被设计成用于汽车环境中的微控制器通信，在车载各电控制单元（ECU）之间交换信息的汽车电子控制网络。例如：在发动机管理系统、变速器控制器、仪表装备、电子主干系统中，均嵌入CAN控制装置。

（四）数据总线

数据总线是模块间运行数据的通道，即所谓的"信息高速公路"。数据总线可以实现在一条数据线上传递的信号能被多个系统（控制单元）共享，从而最大限度地提高系统整体效率，充分利用有限的资源。例如，常见的电脑键盘有104位键，可以发出百余条不同的指令。但键盘与主机之间的数据连接线却只有7根，键盘正是利用这7根数据连接线上不同的电平组合（编码信号）来传递信号的。如果把这种方式应用在汽车电气系统上，就可以大大简化目前的汽车电路。可以通过不同的编码信号来表示不同的开关动作。信号解码后，根据指令接通或断开对应的用电设备（如前照灯、刮水器、电动座椅等）。这样，就能将过去一线一用的专线制改为一线多用制，从而大大减少了汽车上电线的数量，缩小了线束的直径。当然，数据总线还将使计算机技术融入整个汽车系统之中，加速汽车智能化的发展。

> 如果系统可以发送和接收数据，则这样的数据总线就称为双向数据总线。数据总线可以是一条导线，或者是两条导线。可以形象地将CAN数据总线比作公共汽车。公共汽车可以同时运输大量乘客。CAN数据总线包含大量的数据信息，如图2-2所示。为了抗电磁干扰，双线制数据总线的两条线是绞在一起的，如图2-3所示。

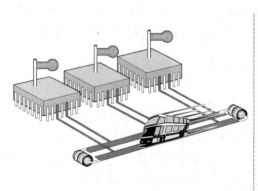

图2-2　CAN数据总线

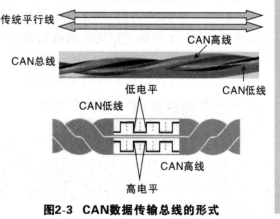

图2-3　CAN数据传输总线的形式

1. CAN总线电平

CAN总线分为CAN高位（CAN-high）和低位（CAN-low）数据线，对地电压分别用U_{CAN-H}和U_{CAN-L}表示。它们之间的差值称为差分电压U_{diff}，即$U_{diff}=U_{CAN-H}-U_{CAN-L}$。满足条件0.9V＜$U_{diff}$＜5.0V时，代表逻辑数字"0"，当前传送的数据位被称为"显性"位；当-0.1V＜U_{diff}＜0.5V时，代表逻辑数字"1"，当前传送的数据位被称为"隐性"位，电压波形与逻辑电平定义如图2-4所示。

控制单元在某一时间段只能进行发送或接收一项功能：

逻辑"1"：所有控制器的开关断开；总线电平为5V或是3.5V；CAN总线未通信。

逻辑"0"：某一控制器闭合；总线电平为0V；CAN总线进行通信。

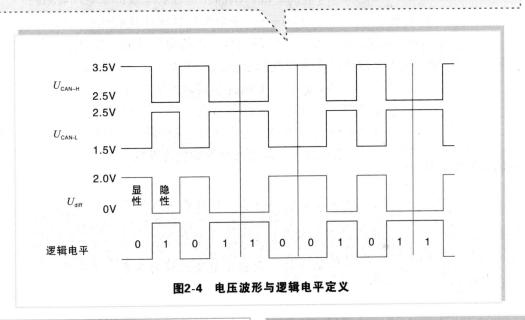

图2-4　电压波形与逻辑电平定义

2. CAN总线上信息的表示形式

CAN-BUS上的信息是以二进制形式出现的。也就是说，控制单元将信息转换成二进制，CAN-BUS用电平来模拟二进制，接收控制单元将电平转换成二进制数据，再将二进制数据转换成正常数据。二进制信号如图2-5所示。

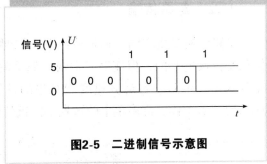

图2-5　二进制信号示意图

如图2-6所示，控制单元Ⅱ将发动机转速值信号先转换成二进制信号（00010101），然后由发送器转换成一串电平信号发送出去。

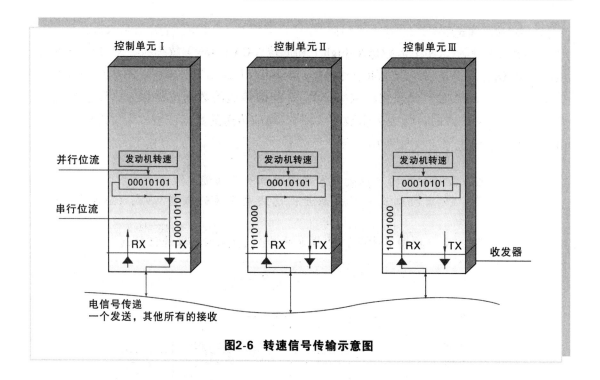

图2-6 转速信号传输示意图

控制单元Ⅰ的接收器先读取电平信号，转换成二进制信号（00010101），然后再解码成发动机转速值。

各汽车制造商一直在设计各自的数据总线，如果不兼容，就称为专用数据总线。如果是按照某种国际标准设计的，就是非专用的。为使不同厂家生产的零部件能在同一辆汽车上协调工作，必须制定标准。按照ISO有关标准，CAN的拓扑结构为总线式，因此也称为CAN总线（CAN-BUS）。

（五）多路传输

多路传输是指在同一通道或线路上同时传输多条信息，如图2-7所示。事实上数据信息是依次传输的，但速度非常快，似乎就是同时传输的。对一个人来说，1/10s算是非常快了，但对一台运算速度相对慢的计算机来说，1/10s却是很长的时间。如果将1/10s分成若干段，许多单个的数据都能被传输，这就叫做分时多路传输。

从图2-7中可以看出，多路传输系统所用导线比常规线路系统所用导线少得多。由于多路传输可以通过一根线（数据总线）执行多个指令，ECU可以触发仪表板上的警告灯或故障指示灯等，因此可以增加许多功能装置。

根据传输导线的不同，多路传输系统可分为单、双线和无线三种。单线传输，如LIN总线（"学习任务4"中有详细的介绍）。在CAN系统中一般均采用双线传输。光纤总线（MOST）为环状信息传输（"学习任务5"中有详细的讲解）。新款车型（如奥迪A6L、A8）中采用了无线蓝牙传输数据（又称为BLUE TOOTH BUS）总线。

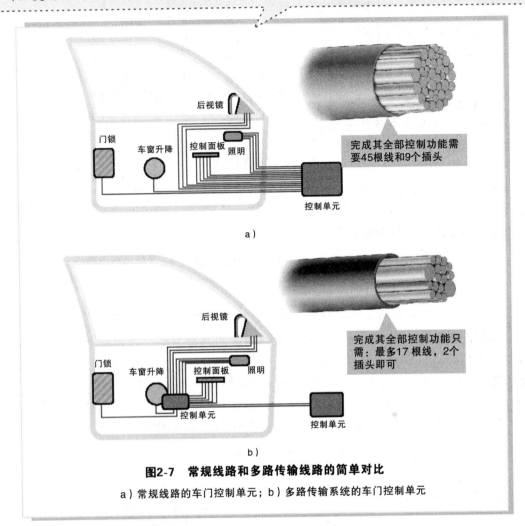

图2-7 常规线路和多路传输线路的简单对比
a）常规线路的车门控制单元；b）多路传输系统的车门控制单元

（六）模块/节点

模块就是一种电子装置。简单一点的如温度和压力传感器，复杂的如计算机（微处理器）。传感器是一个模块装置，根据温度和压力的不同产生不同的电压信号，这些电压信号在计算机的输入接口被转变成数字信号。在计算机多路传输系统中一些简单的模块被称为节点。

（七）网络

为了实现信息共享而把多条数据总线连在一起，或者把数据总线和模块当作一个系统称为网络。从物理意义上讲，汽车上许多模块和数据总线距离很近，因此被称为LAN（局域网）。

根据网络的结构，车载网络分为总线形网、星形网和环形网三种，如图2-8~图2-10所示。

总线形网络结构： 在两根总线上多个节点并列连接，从其中一个节点能同时向所有节点进行传送呼叫。它的所有节点都通过相应硬件接口连接到两条公共总线上。任何一个节点发出的信息都可沿着总线传输，并被总线上其他任何一个节点接收。

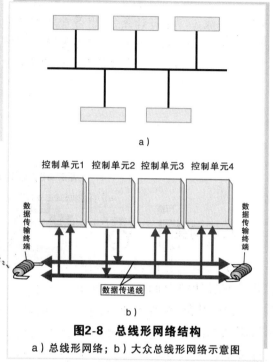

图2-8 总线形网络结构
a）总线形网络；b）大众总线形网络示意图

星形网络结构： 是以中央节点控制数据传输的网络方式，即以一台中心处理机为主组成的网络。中心处理机接收从各个节点来的数据，并进行处理，再向各节点发出指令。

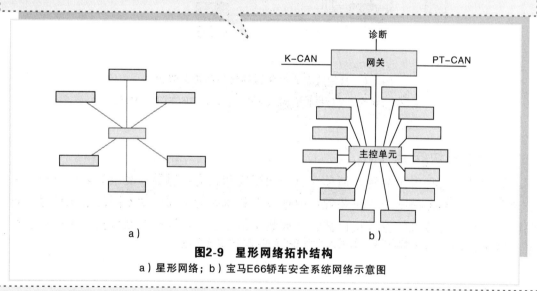

图2-9 星形网络拓扑结构
a）星形网络；b）宝马E66轿车安全系统网络示意图

环形网络结构： 是将节点连接成环形，顺次进行数据传输，将被传送的信息数据进行中转，以到达需要的节点为止。

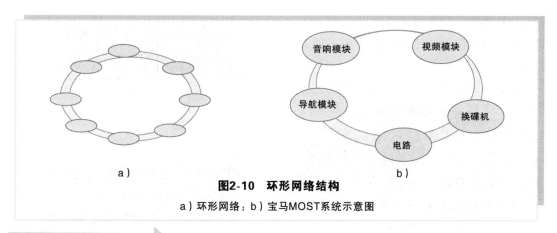

图2-10 环形网络结构

a）环形网络；b）宝马MOST系统示意图

（八）网关

由于汽车上有许多总线和网络，所以必须用一种具有特殊功能的计算机进行信息共享并且使协议间不产生冲突，实现无差错数据传输，这种计算机就叫做网关。网关的作用是使所有连接在CAN总线上的控制单元实现准确的数据交换。因为驱动总线、舒适总线和信息娱乐总线这几种总线的传输速度是不同的，所以不能直接进行数据交换。图2-11所示为上海大众途安CAN-BUS数据总线，其中J533即为网关。

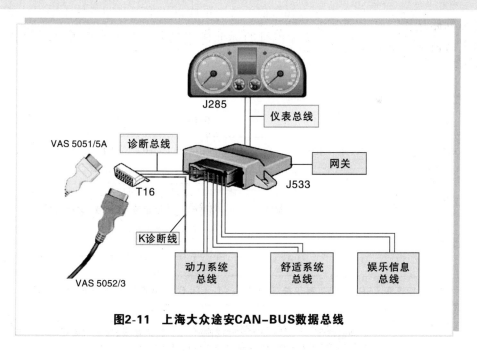

图2-11 上海大众途安CAN-BUS数据总线

网关在汽车上的安装方式有两种，一种是安装在仪表内，如图2-12所示；另一种是安装在汽车电气控制单元内，如图2-13所示。

图2-12 安装在仪表内的网关

图2-13 安装在汽车电气控制单元内的网关

（九）帧

CAN协议支持两种报文格式，即标准格式（CAN2.0A）和扩展格式（CAN2.0B），如图2-14所示。标准CAN的标志符长度是11位，而扩展格式CAN的标识符长度可达29位。CAN协议的2.0A版本规定CAN控制器必须有一个11位的标识符；2.0B版本规定CAN控制器的标识符长度是11位或29位。遵循CAN2.0B协议的CAN控制器，可以发送和接收11位标识符的标准格式报文或29位标识符的扩展格式报文。如果禁止CAN2.0B，则CAN控制器只能发送和接收11位标识符的标准格式报文，而忽略扩展格式的报文结构，但不会出现错误。

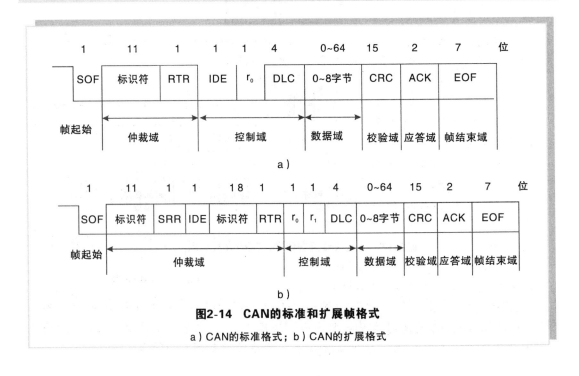

图2-14 CAN的标准和扩展帧格式

a) CAN的标准格式；b) CAN的扩展格式

为了可靠地传输数据，通常将原始数据分割成一定长度的数据单元，这就是数据传输的单元，也称为帧。一个数据帧由7个功能不同的基本区域：帧起始、仲裁域、控制域、数据域、校验域、应答域和帧结束域构成。CAN以报文为单位进行信息传送，CAN中一个报文称为一帧。

报文传输由以下4种不同的帧类型表示和控制。

数据帧：发送单元向接收单元发送的数据帧。
远程帧：接收单元向具有相同ID的单元请求数据。
错误帧：当检测出错误时向其他单元发出错误帧。
超载帧：在相邻数据帧或远程帧之间提供附加延时。
数据帧和远程帧既可使用标准帧，也可使用扩展帧。

1. 数据帧

1）帧起始

报文的起始位称为**帧起始(SOF)**，标记数据帧和远程帧的开始。它由一位"显性"位组成，带有大约5V电压（由系统决定）的1位（bit），被送入高位CAN线；带有大约0V电压的1位被送入低位CAN线。CAN-L上发出1位0电平，标志数据帧的开始。

2）仲裁域

仲裁域用于确定数据协议的优先权。如果两个控制单元都要同时发送各自的数据，那么，具有较高优先权的控制单元优先发送。

仲裁机制如下：

总线空闲时，任何单元都可以开始传送报文。

如果两个以上的单元同时开始传送报文，就会出现总线访问冲突。通过使用标识符的逐位仲裁就可以解决这种冲突。仲裁的机制确保了报文和时间均不损失。仲裁期间，每个发送器都对发送位的电平与被监控的总线电平进行比较。如果电平相同，则这个单元继续发送。如果发送的是一"隐性（1）"电平，而监视到总线电平是一"显性（0）"电平，则这个单元就失去了仲裁，必须退出发送状态，改为接收状态，仲裁过程如图2-15所示。

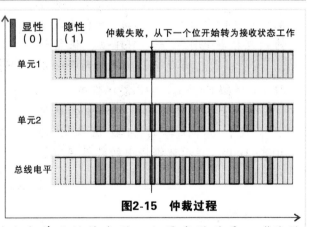

图2-15 仲裁过程

标准格式（CAN2.0A）中仲裁域由11位标识符ID10~ID0、远程发送请求位RTR组成。扩展格式（CAN2.0B）中仲裁域由29位标识符ID28~ID0、SRR位、IDE位、RTR位组成。

标识符：

在标准格式中，标识符的长度是11位。这些位的发送顺序是ID10到ID0。最低位是ID0，最高7位（ID10到ID4）不可全为"1"（隐性）。而扩展格式的标识符长为29位，包括11位基本ID和18位扩展ID，基本ID定义了扩展帧的基本优先权。

RTR位：

RTR位为"远程发送请求位"，在数据帧中，RTR为"0"，在远程帧中，RTR为"1"。

SRR位：

SRR位为"替代远程请求位"，属扩展格式，它是在扩展帧的标准帧RTR位的位置，因而替代标准帧的RTR位。当标准帧与扩展帧发生冲突且扩展帧的基本ID同标准帧的标识符一样时，标准帧优先于扩展帧。

IDE位：

IDE位是"标识符扩展位"，IDE位在扩展格式中位于仲裁域而在标准格式中位于控制域。在标准格式中IDE为显性，而在扩展格式中IDE为隐性。

3）控制域

控制域由6个位组成。标准格式的控制域格式和扩展格式不同，标准格式中的帧包括数据长度码、IDE位、保留位r_0；扩展格式包括数据长度码和两个必须为显性保留位r_1和r_0，如图2-16所示。

数据长度码指示出数据域中的数据字节数，其4位二进制数值大小为0000~1000，指示数据域中的数据字节数为0~8。

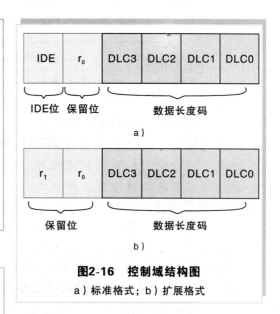

图2-16 控制域结构图
a）标准格式；b）扩展格式

4）数据域

数据域包括汽车技术信息，在数据域中，信息被传递到其他控制单元。

5）检验域

检验域用于检测数据传输中的错误，以识别传输的干扰。

6）应答域

应答域长度为2位，包含应答间隙和应答界定符。在应答域中，发送器发送两个隐性位。当接收器正确地接收到有效的报文，接收器就会在应答间隙期间向发送器发送一显性位以示应答。

7）帧结束域

帧结束域用于标志数据帧的结束。它由7位隐性位序列表示，通过这7位隐性位接收器可以判断一帧是否结束。

2. 远程帧

作为数据的接收站，它可以借助于发送远程帧启动其资源节点传送数据。远程帧也有标准格式和扩展格式，而且都由6个不同的位组成：帧起始、仲裁域、控制域、检验域、应答域、帧结束域。远程帧的组成如图2-17所示。与数据帧相反，远程帧的RTR位是"隐性"的，它没有数据域。RTR位的极性表示所发送的帧是数据帧（RTR位"显性"）还是远程帧（RTR位"隐性"）。

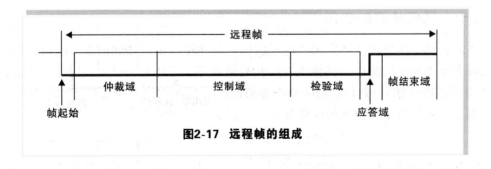

图2-17 远程帧的组成

3. 出错帧

出错帧由两个不同的域组成。第一个域是由不同站提供的错误标志的叠加；第二个域是错误界定符。出错帧的组成如图2-18所示。

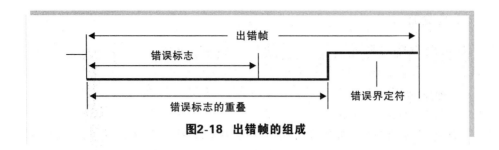

图2-18 出错帧的组成

4. 超载帧

超载帧包括两个位域：超载标志和超载界定符。超载帧的组成如图2-19所示。

 有三种超载的情况会引发超载标志的传送：

（1）接收器的内部情况（此接收器对于下一数据帧或远程帧需要有一定的延时）。

（2）在间歇的第一和第二字节检测到一个显性位。

（3）如果CAN节点在错误界定符或超载界定符的第8位（最后一位）采样到一个显性位，节点会发送一个超载帧（不是出错帧），错误计数器不会累加。

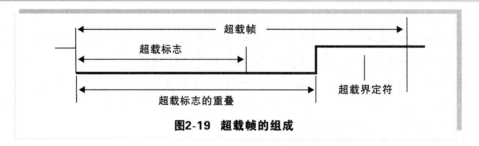

图2-19 超载帧的组成

（十）通信协议的含义

通俗地讲，两个实体要想成功地通信，它们必须"说同样的语言"，并按既定控制法则来保证相互的配合。具体地说，在通信内容、怎样通信以及何时通信等方面，两个实体要遵从相互可以接受的一组约定和规则。这些约定和规则的集合就称为协议。因此，协议可定义为在两实体间控制信息交换规则的集合。

（十一）通信协议的内容

通信协议主要内容如下。

（1）在一个简单的通信协议中，模块不分主从，根据规定的优先规则，模块间相互传递信息，并且都知道该接收什么信息。

（2）一个模块是主模块，其他则为从属模块，根据优先规则，它决定哪个从属模块发信息以及何时发送信息。

（3）通俗地讲，所有的模块都像旋转木马上的骑马人，一个上面有"免费卷"挂环的转圈绕着他们旋转。当一个模块有了有用的信息，它便抓住挂环挂上这条信息，任何一个需要这条信息的模块都可以从挂环上取下这条信息。

（4）通信协议中有个仲裁系统，通常这个系统按照每条信息的数字拼法为各数据传输设定优先规则。例如，以1结尾的数字信息要比以0结尾的有优先权。

（十二）接口与实体

接口是为两个系统、设备或部件之间连接服务的数据流穿越的界面。计算机通信接口由设备（或部件）和说明组成，一般包括4个方面内容：物理、电气、逻辑和过程。在物理方面，要指出插接器有多少个插脚。在电气方面，要确定接口电路信号的电压、宽度及它们的时间关系。在逻辑方面，包括说明为了传送如何把数据位或字符变换成字段，以及说明传输控制字符的功能使用等。换句话说，计算机通信接口的逻辑说明，提供了一种用于控制和实现穿越接口交换数据流的语言。在过程方面，它说明通信控制字符的规定顺序、各种字段的规定内容以及控制数据流穿越接口的命令和应答。如果把逻辑说明看成为确定数据流穿越接口的语法，那么过程说明就可作为语义。

在计算机网络内，不同系统中的实体需要通信。一般地说，实体是能够发送或接收信息的东西，而系统是包含一个或多个实体的物理设备。实体的例子如用户应用程序、文件传送程序包、进程、数据库管理系统、电子邮件设施及终端等；系统的例子是计算机、终端设备和遥感装置等。

（十三）协议要素及其功能

1. 协议的三要素

1）语法

确定通信双方之间"如何讲"，即由逻辑说明构成，要对信息或报文中各字段格式化，说明报头（或标题）字段、命令和应答的结构。

2）语义

确定通信双方之间"讲什么"，即由过程说明构成，要对发布请求、执行动作以及返回应答予以解释，并确定用于协调和差错处理的控制信息。

3）定时规则

指出事件的顺序以及速度匹配、排序。

2. 协议的功能

协议的功能是控制并指导两个对话实体的对话过程，发现对话过程中出现的差错并确定处理策略。具体来说，每个协议都是具有针对性的，用于特定的目的，所以各协议的功能是不一样的，但是有一些公共的功能是大多数协议都具有的。这些功能包括4个方面：

1）差错检测和纠正

面向通信传输的协议常使用"应答—重发"、循环冗余检验CRC、软件检查和等机制进行差错的检测和纠正；而面向应用的协议常采用重新同步、恢复以及托付等更为高级的方法进行差错的检测和纠正工作。一般来说，协议中对异常情况的处理说明要占很大的比重。

2）分块和重装

用协议控制传送的数据长度是有一定限制的，参加交换的数据都要求有一定的格式。为满足这个要求，就需要将实际应用中的数据进行加工处理，使其符合协议交换时的格式要求，只有这样才能应用协议进行数据交换。分块与重装就是这种加工处理操作。分块操作是将大的数据划分成若干小块，如将报文划分成几个报文分组；重装操作则是将划分的小块数据重新组合复原，例如将报文分组还原成报文。

3）排序

对发送出的数据进行编号以标识它们的顺序，通过排序，可达到按序传递、信息流控制和差错控制等目的。

4）流量控制

通过限制发送的数据量或速率，以防止在信道中出现堵塞现象。

（十四）常用通信协议

目前，汽车多路信息通信系统中采用的通信协议有多种形式，主要有8种（表2-3）。

> **注：**
> SAE——美国汽车工程师学会。
> ISO——国际标准化组织。

8种典型的通信协议　　　　　　表2-3

序号	通信协议名称	推荐或实施单位
1	CAN	奔驰、英特尔、博世、JSAE、ISO/TC22/SC3/WG1
2	BASIC CAN	飞利浦、博世
3	ABUS	大众
4	VAN	雷诺、标致、雪铁龙、ISO/TC22/SC3/WG1
5	HBCC	福特、SAE J1850
6	PALMNET	马自达、SAE
7	DLCS	通用
8	CCD	克莱斯勒、SAE

除以上8种通信协议之外,还有其他协议,如:

- 宝马公司(BMW)1994年提出的DAN集中式网络协议;
- 阿尔法·罗密欧公司的DAN集中式网络协议;
- 卢卡斯(Lucas)公司的光学分布式星形耦合器系统;
- 日立公司的集中式光学单纤维双向通信;
- 飞利浦公司的DDR分布式网络协议等。

到目前为止,世界上尚无一个可以兼容各大汽车公司通信协议的通用标准,也就是说想用某个公司的通信协议取代其他公司的协议,是很难做到的,因此,在汽车上就形成了多种类型的多路通信系统共存的局面。

(十五)车载网络协议标准

目前汽车网络标准很多,其侧重功能各不相同。为方便研究和设计应用,SAE(美国机动车工程师协会)将汽车数据传输网分为A、B、C、D类型。

按照系统的复杂程度、信息量、必要的动作响应速度、可靠性要求等,车载网络系统又可以分为低速(A)、中速(B)、高速(C、D)三类,如图2-20所示。

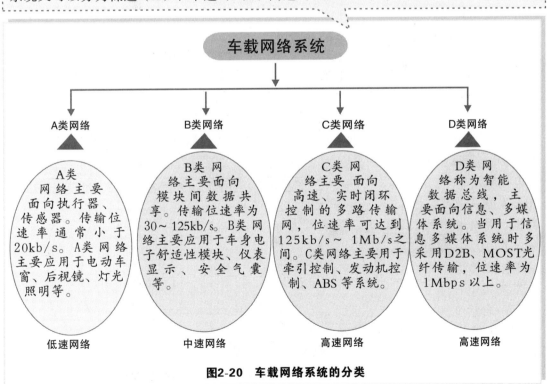

图2-20 车载网络系统的分类

三、动力CAN总线系统的结构与原理

车用网络大致可以分为4个系统：动力传动系统、车身系统、安全系统、信息（媒体娱乐）系统。图2-21为奥迪A6L车载网络结构图。这里只介绍动力传动系统。

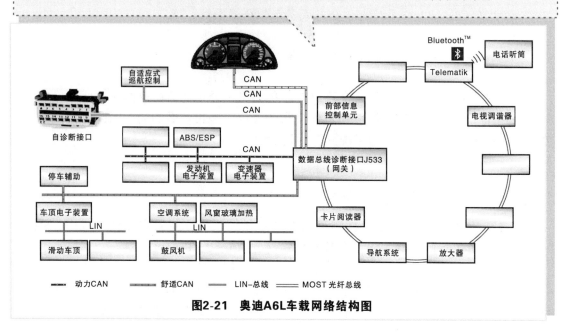

图2-21　奥迪A6L车载网络结构图

（一）动力CAN总线系统的组成

动力CAN数据总线连接3个电脑，它们是发动机、ABS及自动变速器电脑（动力CAN数据总线实际可以连接安全气囊、四轮驱动与组合仪表等电脑），图2-22所示为奥迪A6L动力CAN总线组成图。总线可以同时传递10组数据，发动机电脑5组、ABS电脑3组和自动变速器电脑2组。数据总线以500kb/s速率传递数据，每一数据组传递大约需要0.25ms，每一电控单元7~20ms发送一次数据。优先权顺序为：ABS电控单元→发动机电控单元→自动变速器电控单元。

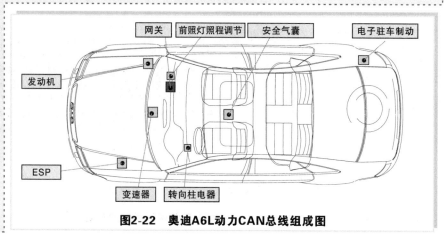

图2-22　奥迪A6L动力CAN总线组成图

图2-23所示为奇瑞A5轿车CAN数据传输系统的构成。

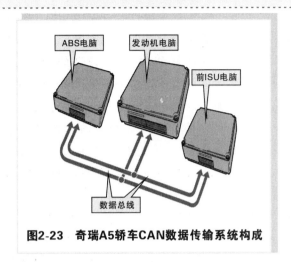

图2-23 奇瑞A5轿车CAN数据传输系统构成

（二）CAN的结构与工作原理

CAN数据传输系统中每块电脑的内部都增加了一个CAN控制器，一个CAN收发器；有些电脑内部还装有一个数据传递终端，如图2-24所示。各部件功能如下。

1. CAN控制器

CAN控制器的作用是接收控制单元中微处理器发出的数据，处理数据并传送给CAN收发器。同时CAN控制器也接收收发器收到的数据，处理数据并传给微处理器（电脑内部数据的接收、处理及传送）。通过CAN总线的所有通信都要由控制单元进行监控，控制单元根据预先给定的时间节拍发出数据并且对接收到的数据进行检测。

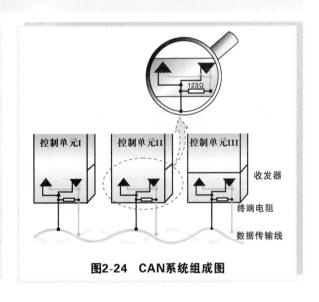

图2-24 CAN系统组成图

1）独立控制器

SJA1000是一个汽车上常用的独立的CAN控制器，其内部结构框图如图2-25所示。其功能说明如下。

接口管理逻辑：接口管理逻辑解释来自CPU的命令，控制CAN寄存器的寻址，向主控制器提供中断信息和状态信息。

发送缓冲器：发送缓冲器是CPU和位流处理器之间的接口，能够存储发送到CAN网络上的完整信息。缓冲器长13个字节，由CPU写入、位流处理器读出。

接收缓冲器：接收缓冲器是验收滤波器和CPU之间的接口，用于储存从CAN总线上接收的信息。接收缓冲器作为接收FIFO的一个"窗口"，可被CPU访问。CPU在此FIFO的支持下，可以在处理信息时接收其他信息。

验收滤波器：验收滤波器把其中的数据和接收的识别码的内容相比较，以决定是否接收信息。在纯粹的接收测试中，所有的信息都保存在接收FIFO中。

位流处理器：位流处理器是一个在发送缓冲器、接收FIFO和CAN总线之间控制数据流的程序装置。它还在CAN总线上执行错误检测、仲裁、填充和错误处理。

位时序逻辑：位时序逻辑监视串口的CAN总线和处理与总线有关的位时序。它在信息开头"弱势—支配"的总线传输时同步CAN总线位流（硬同步），接收信息时再次同步下一次传送（软同步）。位时序逻辑还提供可编程的时间段来补偿传播延迟时间、相位转换（例如，由于振荡漂移）和定义采样点和一位时间内的采样次数。

错误管理逻辑：错误管理逻辑负责传送层模块的错误管制。它接收位流处理器的出错报告，通知位流处理器 接口管理逻辑进行错误统计。

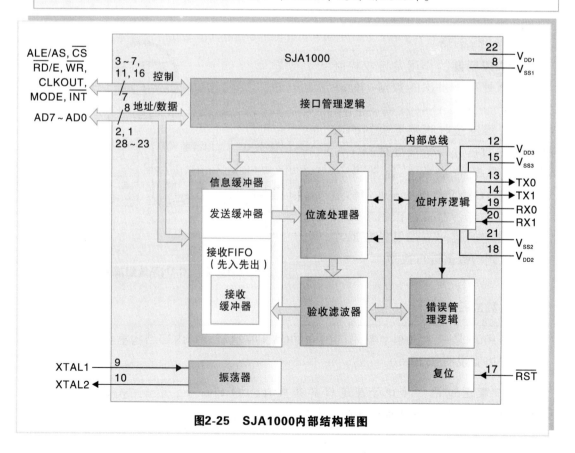

图2-25　SJA1000内部结构框图

SJA1000提供两种封装：SO—28和DIP—28，如图2-26所示。

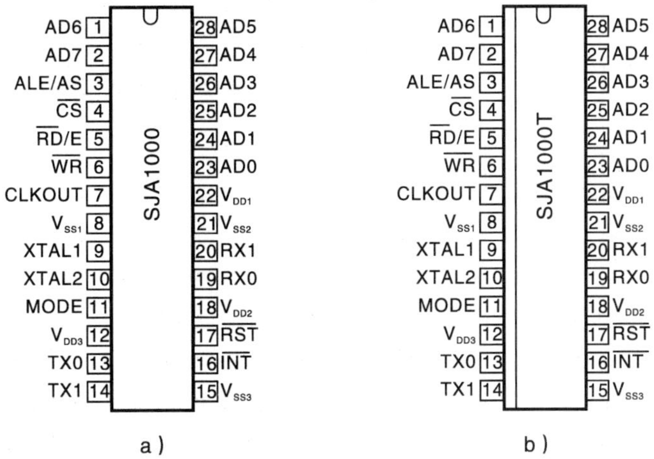

```
AD6  1        28 AD5           AD6  1        28 AD5
AD7  2        27 AD4           AD7  2        27 AD4
ALE/AS 3      26 AD3           ALE/AS 3      26 AD3
CS   4        25 AD2           CS   4        25 AD2
RD/E 5  SJA   24 AD1           RD/E 5  SJA   24 AD1
WR   6  1000  23 AD0           WR   6  1000T 23 AD0
CLKOUT 7      22 V_DD1          CLKOUT 7      22 V_DD1
V_SS1 8       21 V_SS2          V_SS1 8       21 V_SS2
XTAL1 9       20 RX1           XTAL1 9       20 RX1
XTAL2 10      19 RX0           XTAL2 10      19 RX0
MODE 11       18 V_DD2          MODE 11       18 V_DD2
V_DD3 12      17 RST           V_DD3 12      17 RST
TX0  13       16 INT           TX0  13       16 INT
TX1  14       15 V_SS3          TX1  14       15 V_SS3
       a)                             b)
```

图2-26 SJA1000引脚图
a）SJA1000 引脚图（DIP—28）；b）SJA1000 引脚图（SO—28）

SJA1000引脚说明如表2-4所示。

SJA1000引脚说明　　　　　　　　　　　　　　表2-4

符　号	引　脚	说　　明
AD7~AD0	2, 1, 28~23	多路复用的地址/数据总线
ALE/AS	3	ALE输入信号(Intel模式)，AS输入信号(Motorola模式)
$\overline{CS}$	4	片选输入，低电平允许访问SJA1000
$\overline{RD}$（/E）	5	$\overline{RD}$信号(Intel模式)或E使能信号(Motorola模式)
$\overline{WR}$	6	$\overline{WR}$信号(Intel模式)或RD/$\overline{WR}$信号(Motorola模式)
CLKOUT	7	SJA1000产生的提供给微控制器的时钟输出信号；时钟信号来源于内部振荡器且通过编程驱动；时钟控制寄存器的时钟关闭位可禁止该引脚输出
V_{SS1}	8	搭铁
XTAL1	9	输入到振荡器放大电路，外部振荡信号由此输入
XTAL2	10	振荡放大电路输出，使用外部振荡信号时必须开路
MODE	11	模式选择输入： 1 = Intel模式 0 = Motorola模式
V_{DD3}	12	输出驱动的+5V电压源
TX0	13	从CAN输出驱动器0输出到物理线路上
TX1	14	从CAN输出驱动器1输出到物理线路上
V_{SS3}	15	输出驱动器搭铁
$\overline{INT}$	16	中断输出，用于向微控制器发出中断信号

续上表

符 号	引脚	说 明
$\overline{RST}$	17	复位输入，低电平有效，用于复位CAN接口
V_{DD2}	18	输入比较器的+5V电压源
RX0，RX1	19，20	从物理的CAN总线输入到SJA1000的输入比较器
V_{SS2}	21	输入比较器的搭铁端
V_{DD1}	22	逻辑电路的+5V电压源

2）集成的CAN控制器

P87C591是一个集成了CAN控制器的单片8位高性能微控制器，芯片上自带的CAN控制器为CAN的应用提供了许多专用的硬件功能。它完全符合CAN2.0B规范，并提供一个直接SJA1000独立CAN控制器的软件移植路径，具有CAN的扩充特性，其中包括增强型接收滤波器、支持系统维护、诊断、系统优化以及接收FIFO特性等。其内部结构如图2-27所示。

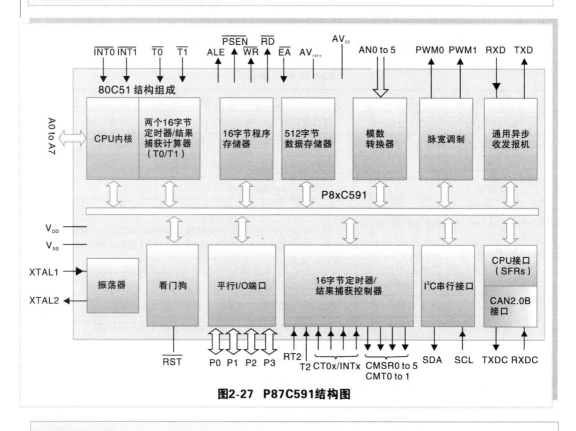

图2-27 P87C591结构图

80C51 CPU接口将PeliCAN与P87C591微控制器内部总线相连。通过5个特殊功能寄存器CANADR、CANDAT、CANMOD、CANSTA和CANCON对PeliCAN进行访问。CPU与CAN的接口如图2-28；PeliCAN内部结构如图2-29所示。

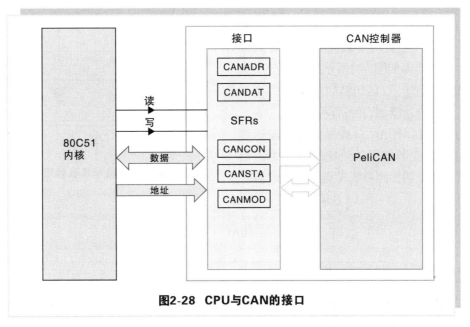

图2-28 CPU与CAN的接口

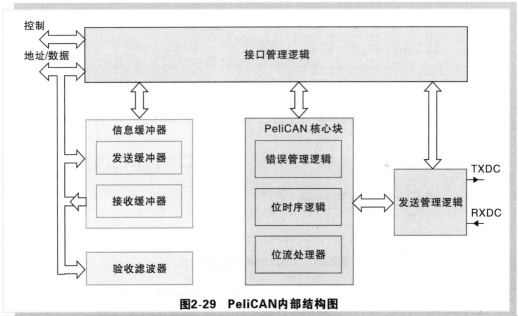

图2-29 PeliCAN内部结构图

其中发送管理逻辑提供驱动器信号,用于推挽式的CAN TX晶体管。外部晶体管根据可编程输出驱动器的配置打开或者关闭。此外还执行短路保护和硬件复位的异步悬浮。其他模块的功能与独立CAN控制器SJA1000内部的相同,在此不再赘述。

2. CAN收发器

CAN收发器是一个发送器和接收器的组合(图2-30),它将CAN控制器提供的数据转化成电信号并通过数据总线发送出去,同时,它也接收总线数据,并将数据传到CAN控制器。

TJA1054A是汽车上常用的独立的CAN收发器，主要用于最高125kb/s的低速网中，内部结构如图2-31所示，管脚分布如图2-32所示（注：TJA1054AT表示塑料小型封装），脚位功能如表2-5所示。

TJA1054A对CAN总线提供差动发送能力，对CAN控制器提供差动接收能力。但故障条件下会切换到单线发送器或接收器。

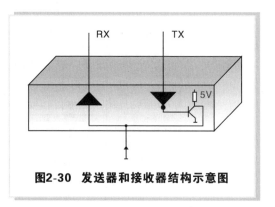

图2-30 发送器和接收器结构示意图

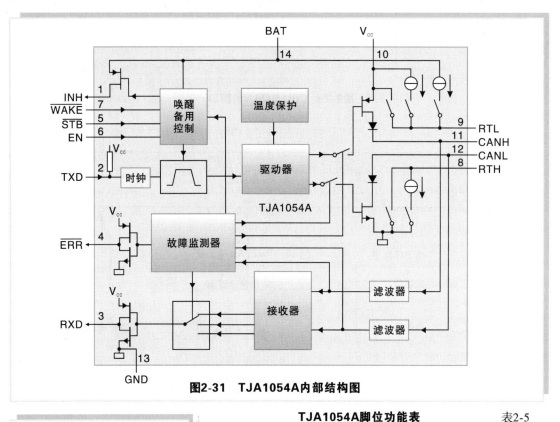

图2-31 TJA1054A内部结构图

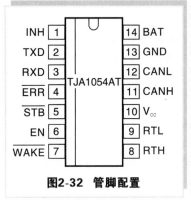

图2-32 管脚配置

TJA1054A脚位功能表　　　表2-5

标志	管脚	描述
INH	1	如果产生唤醒信号，则禁止切换到外部电压调节器的输出
TXD	2	激活总线驱动的发送数据输入
RXD	3	从总线读出数据的接收数据输出
ERR	4	当出错、唤醒和上电指示输出；在正常操作模式总线有故障时呈现低电平，在低功耗模式里（有唤醒信号或上电待机状态）也呈现低电平
STB	5	待机数字控制信号输入（低有效）和EN管脚的输入信号一起定义收发器的状态（在正常和低功耗模式里）

续上表

标志	管脚	描述	标志	管脚	描述
EN	6	数字控制信号输入；和管脚STB的输入信号一起定义收发器状态（在正常和低功耗模式里）	RTL	9	连接终止电阻；在CANL总线出错时，线路可以端接一个预定义的阻抗
			V_{CC}	10	电源电压
WAKE	7	本地唤醒信号（低有效）；上升沿和下降沿都可被检测到	CANH	11	高电平电压总线
			CANL	12	低电平电压总线
RTH	8	连接终端电阻；在CANH总线出错时，线路可以端接一个预定义的阻抗	GND	13	搭铁
			BAT	14	电池电压

为了降低电磁辐射，它的上升和下降的斜度都受到限制。这就允许总线使用非屏蔽双绞线或并行线。而且，如果某条总线出现故障，它支持在任一总线上进行传输。故障检测逻辑会自动选择一个合适的传输模式。

在正常操作模式里（没有线路故障），差动接收器在管脚RXD输出，差动接收器输入通过集成的滤波器连接到管脚CANH和CANL。滤波器输入信号也可以用于单线接收器。接收器连接到有门槛电压的管脚CANH和CANL，确保在单线模式里有最大的噪声容限。

定时器功能（TXD显性超时功能）已在器件中集成，它可以防止由于硬件或软件程序故障，将管脚TXD持续地拉成低电平，使总线线路进入持续的显性状态（这种状态会阻塞整个网络的通信）。

如果引脚TXD的低电平持续并超过某个时间后，发送器会被禁用。定时器会用TXD引脚上的高电平复位。

3. 数据传递终端

数据传递终端实际是一个电阻器（如图2-33所示），作用是避免数据传输终了反射回来产生反射波而使数据遭到破坏。

4. CAN数据总线

CAN数据总线用于传输数据的双向数据线。分为CAN高位（CAN-high）和低位（CAN-low）数据线。数据没有指定接收器，数据通过数据总线发送给各控制单元，各控制单元接收后进行计算。

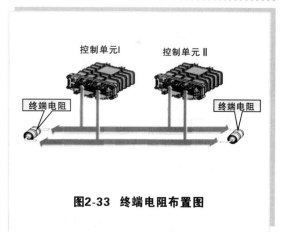

图2-33 终端电阻布置图

→ 1）CAN数据传输系统差分原理

如图2-34所示，为了防止外界电磁波干扰和向外辐射，CAN总线采用两条线缠绕在一起，两条线上的电位是相反的，如果一条线的电压是5V，另一条线就是0，两条线的电压和总等于常值。通过这种办法，CAN总线得到保护而免受外界电磁场干扰，同时CAN总线向外辐射保持中性，即无辐射。

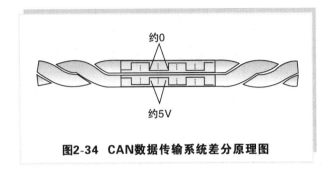

图2-34 CAN数据传输系统差分原理图

2) 车用电控单元数据的发送

除了命令和请求信息外,汽车的一些基本状态信息(如发动机转速、车轮转速、冷却液温度等)是大部分控制单元必须获取的数据,控制单元采用广播发送式向总线发送。如果在同一时刻所有控制单元都向总线发送数据,将发生总线数据冲突,此时,CAN总线协议提出用标识符识别数据优先权的总线仲裁。表2-6列出了汽车各电控单元产生及发送的数据类型,及其他各单元对这些信息共享的程序。

汽车各电控单元产生及发送的数据类型　　　　　　　表2-6

优先权	信号类型	电控燃油喷射系统	电控传动系统	ABS系统	ASR系统	废气再循环系统	空调系统
1	实际喷油量	发送	接收	—	—	—	—
2	发动机转速	发送	接收	接收	接收	—	接收
3	油量设置	接收	—	—	发送	—	—
4	车轮转速	接收	接收	发送	接收	—	—
5	加速踏板位置	发送	接收	接收	接收	—	—
6	变速比	接收	发送	—	接收	接收	—
7	怠速设置	接收	—	—	—	发送	发送
8	冷却液温度	发送	接收	—	—	—	接收
9	空气温度	发送	—	—	—	—	接收

油量设置和转速信号的实时性要求强,并直接影响发动机的动力性、经济性和排放性能,因此具有较高的优先级。

四、动力CAN总线系统的万用表检测

如果信息传输系统有故障,则整个汽车信息传输系统中的有些信息将无法传输,接收这些信息的电控模块就无法正常工作,从而会出现故障灯亮起、废气排放超标、怠速不稳、动力不足等故障现象。

 下面以奥迪车系为例做讲解:

（一）CAN总线信号检测盒VAS1598/38

（1）检测盒可以与在仪表板左侧或者右侧的CAN中央接线插座连接。

（2）注意：中央插座上有一个不带引脚的插头，测试时一定要把车用插头插入检测盒的插座内。

（3）根据电路图确定引脚布置，测量仪[DSO（数字存储示波仪）、CAN工具]连接正确。

线路连接如图2-35所示。

图2-35　检测盒接线图

（二）VAS5051诊断仪测量模式的设置

1. 表笔与线路的连接

使用测试仪DSO分析CAN总线的电压，需要在无干扰功能下进行。如图2-36和图2-37所示，连接DSO检测仪器主机、检测盒与测试线。在通道A中，用红色的测量线连接CAN高线，黑色的测量线搭铁；在通道B中，用红色的测量线连接CAN低线，黑色的测量线搭铁。两条CAN总线的每一条线都通过一个通道进行测量。通过DSO图形的分析便可以很容易地发现故障。

图2-36　两通道工作情况下DSO的连线

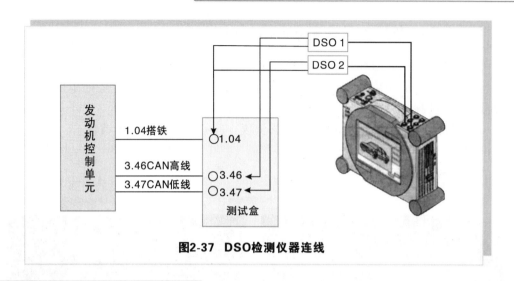

图2-37　DSO检测仪器连线

2. DSO使用说明

在系统启动屏中选择"测量技术"模式，可以使用万用表或数字存储示波仪（DSO）。用万用表可以测量车辆中的全部电气变量，如直流和交流电压、电流和电阻。也可以选择"数字存储示波仪（DSO）"按钮来测量波形，如图2-38所示。

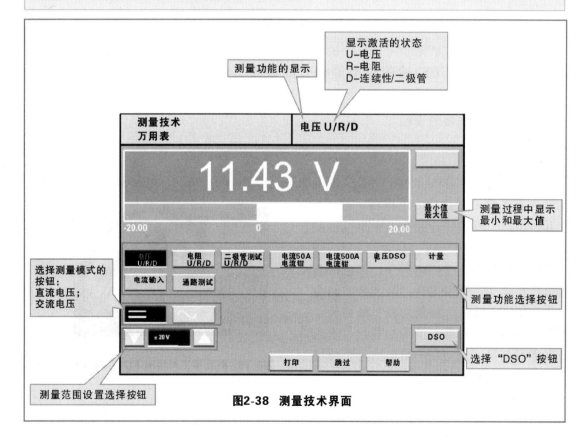

图2-38　测量技术界面

3. 用万用表测量终端电阻

终端电阻装在系统（例如：驱动系统CAN总线）的两个控制单元内。终端电阻阻止CAN总线信号在CAN总线上产生变化电压的反射。当终端电阻出现故障时，线路的反射影响会使控制单元的信号无效。当用DSO进行CAN总线信号测量时，若该信号与标准信号不相符，则系统可能为终端电阻损坏。在驱动系统CAN总线上的终端电阻可以用万用表进行测量。但是在舒适系统CAN和信息系统CAN总线上不能用万用表测量，如图2-39所示。

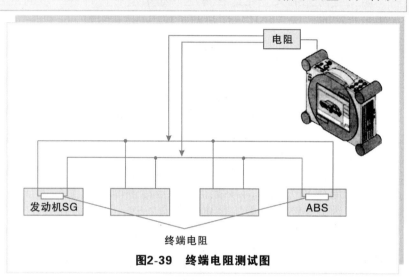

图2-39 终端电阻测试图

终端电阻的测量步骤

（1）将蓄电池的电极线拔除。
（2）等待大约5min，直到所有的电容器都充分放电。
（3）连接测量仪器并测量总阻值。
（4）将一个带有终端电阻控制单元的插头拔下。
（5）检测总的阻值是否发生变化。
（6）第一个控制单元（带有终端电阻）的插头连接好后，再将第二个控制单元的插头拔下来。
（7）检测总的阻值是否发生变化。
（8）分析测量结果。

终端电阻的电阻值

在控制单元内安装的不是一个有固定阻值的终端电阻，而是由很多个被测量的电阻组合在一起的终端电阻。作为标准值或者试验值，两个终端电阻分别以120Ω为起始值。在奥迪车上还使用另一种终端电阻，即在带有泵喷嘴单元的1.9TDI车型上，发动机控制单元所安装的66Ω终端电阻。总的阻值依赖于车辆的总线结构，所以终端电阻是根据车型而设计的。

对总的阻值测试完毕后，还需要将一个带有终端电阻控制单元的插头拔下，分别对两个单个电阻进行测量。若控制单元被拔取后测量的阻值发生了变化，则说明两个阻值都正常。操作程序也是很重要的，因为每一种车型终端电阻的阻值是不同的。例如，A4 1.9TDI车型在ESP控制单元出现了故障，阻值显示为66Ω。这说明，仅测量到了带有66Ω的发动机控制单元的阻值。大多数车型装备有两个120Ω的终端电阻，在电阻完好的情况下，总的阻值大约为60Ω。但是将该发动机控制单元拔下后，阻值变为无穷大。在这种情况下如果没有进行进一步的复核校验，就会以为该车辆是正常的，误将66Ω认作是两个120Ω的总阻值。

4. 用万用表测量动力CAN总线的电压

动力CAN总线可以采用数字万用表进行电压信号测试，大致判断数据总线的信号传输是否存在故障。用数字万用表在测量频率信号时，万用表具有分段采集和有效值运算的工作特性，因此，数字万用表的显示值只能反映被测信号的主体信号电压值，不能显示被测信号的每个细节。

动力CAN总线的信号波形如图2-40（彩图见彩插）所示。CAN高线信号在总线空闲时的电压约为2.5V，总线上有信号传输时总线上的电压值在2.5V和3.5V之间高频波动，因此CAN高线的主体电压应是2.5V，所以万用表的测量值为2.5~3.5V，大于2.5V但靠近2.5V。

同理，CAN低线信号在总线空闲时的电压约为2.5V，总线上有信号传输时总线上的电压值在1.5V和2.5V之间高频波动，因此CAN低线的主体电压应是2.5V，所以万用表的测量值为1.5~2.5V，小于2.5V但靠近2.5V。

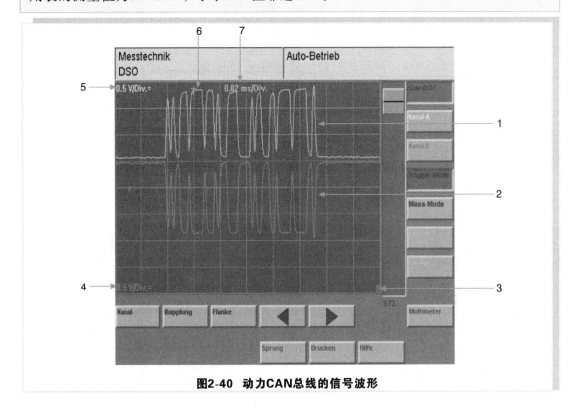

图2-40 动力CAN总线的信号波形

五、动力CAN总线系统的波形分析

（一）DSO仪器的设置

使用VAS5051诊断仪，选择测量技术中的"数字存储示波仪（DSO）"，即可进行波形测量，如图2-40所示。

图2-40中序号说明如下：
1——通道A测量CAN高线。
2——通道B测量CAN低线。
3——通道A和通道B的零线坐标置于等高（黄色的零标记被绿色的零标记所遮盖）。在同一零坐标线下对电压值进行分析更为简便。
4——通道B的电压单位值的设定。在0.5V/Div的设定下，DSO的显示被较好地利用。这便于电压值的读取。
5——通道A的电压单位值的设定。
6——触发点的设定，它位于被测定信号的范围内。在CAN高线信号为2.5～3.5V时，CAN低线信号为1.5～2.5V。
7——时间单位值应尽可能选择得小一些，最小的时间单位值为0.02ms/Div。

（二）信号说明

动力CAN总线的信息传送通过两个逻辑状态"0"（显性）和"1"（隐性）来实现。每一个逻辑状态都对应于一个相应的电压值，控制单元应用其电压差值获得数据，如图2-41（彩图见彩插）所示。

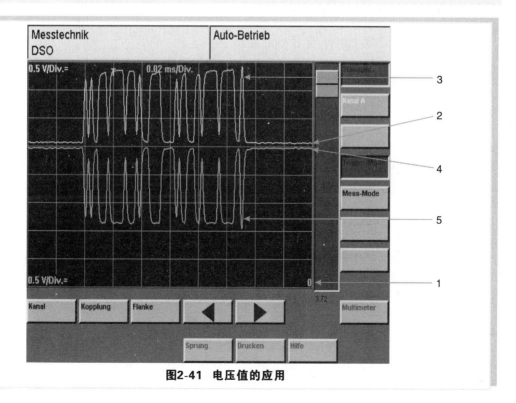

图2-41　电压值的应用

图2-41中序号说明如下:

1——通道A和通道B的零线。通道B的绿色零标记遮盖了通道A的黄色零标记。
2——CAN高线的隐性电压电位大约为2.7V(逻辑值1)。
3——CAN高线的显性电压电位大约为3.8V(逻辑值0)。
4——CAN低线的隐性电压电位大约为2.4V(逻辑值1)。
5——CAN低线的显性电压电位大约为1.2V(逻辑值0)。

其中的电压、电位关系如表2-7所示:

电压与电位关系表　　　　　　　　　　　　　　　　表2-7

电位	CAN高线搭铁电压	CAN低线搭铁电压	电压差
显性(0)	3.8V(3.5V)	1.2V(1.5V)	2.6V(2.5V)
隐性(1)	2.7V(2.5V)	2.4V(2.5V)	0.3V(0V)

说明:总是利用两条线的电压差确认数据。当CAN高线的电压值上升时,相应CAN低线的电压值下降。正如DSO显示所示,CAN总线仅有两种工作状态。在隐性电压电位时,两个电压值很接近;在显性电压电位时,两个电压差值约为2.5V,电压值大约有100mV的小波动。

(三)故障波形分析

CAN-BUS总线故障现象具有下列特征。

(1)断路:总线上电压波形不正常。
(2)对正极短接:总线上无电压变化,总线电压为蓄电池电压。
(3)对搭铁短接:总线上无电压变化,总线电压为0。
(4)双线之间短路:两线电压波形相同且均不正常。

原因可能为:

(1)导线中断。
(2)导线局部磨损。
(3)插头连接损坏/触头损坏/污垢、锈蚀。
(4)控制单元损坏。
(5)控制单元供电故障。
(6)导线烧毁。

当故障存储记录显示"驱动总线故障"时,用DSO进行检测是必要的,可以确定故障点的位置以及故障引发的原因。

下面以奥迪车系为例对故障波形进行分析:

说明：下列故障波形图中，用通道A测量CAN高线的电压，用通道B测量CAN低线的电压。

1. 故障1：CAN高线与CAN低线间短路

波形说明： 电压电位置于隐性电压值（大约2.5V），如图2-42（彩图见彩插）所示。

故障原因及判断方法： 通过插拔驱动系统CAN总线上的控制单元进行判断：是由于控制单元引起的短路还是由于CAN高线和CAN低线线路连接引起的短路。若为线路引起的短路，需要将CAN线组（CAN高线和CAN低线）从线节点处依次拔取，同时注意DSO的波形变化。当故障线组被取下后，DSO的图形恢复正常。

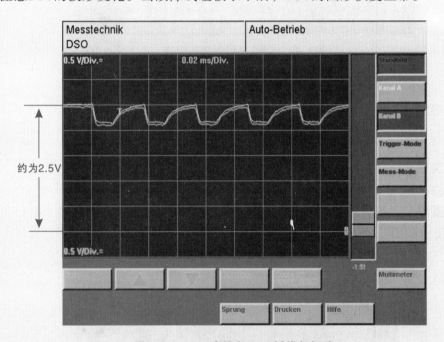

图2-42 CAN高线与CAN低线间短路

2. 故障2：CAN高线对搭铁短路

波形说明： CAN高线的电压为0V，CAN低线的电压也为0V，但在CAN低线上还能够看到一小部分的电压变化，如图2-43（彩图见彩插）所示。

该故障的判断方法与故障1相同。

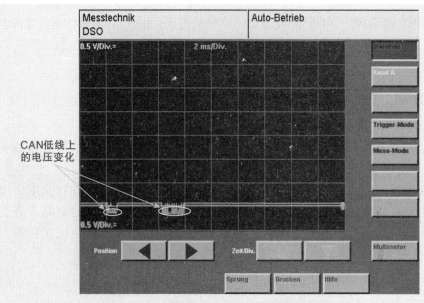

图2-43　CAN高线对搭铁短路

3. 故障3：CAN高线对正极短路

波形说明：CAN高线的电压电位被置于12V，CAN低线的隐性电压被置于大约12V，如图2-44（彩图见彩插）所示。

故障原因及判断方法：这是由于在控制单元的收发器内的CAN高线和CAN低线的内部错接引起的。该故障的判断方法与故障1相同。

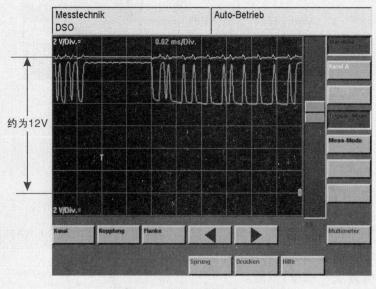

图2-44　CAN高线对正极短路

4. 故障4：CAN低线对搭铁短路

波形说明：CAN低线的电压大约为0，CAN高线的隐性电压也被降到0V，如图2-45（彩图见彩插）所示。

该故障的判断方法与故障1相同。

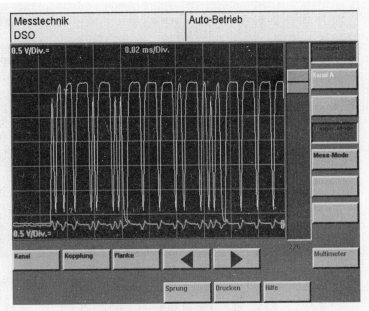

图2-45 CAN低线对搭铁短路

5. 故障5：CAN低线对正极短路

波形说明：两条总线电压大约都为12V，如图2-46（彩图见彩插）所示。

该故障的判断方法与故障1相同。

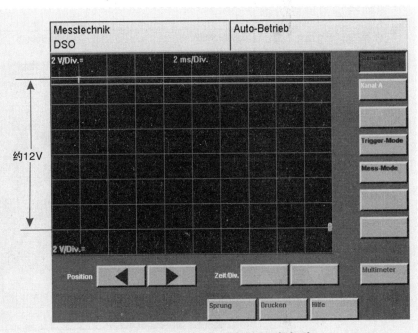

图2-46 CAN低线对正极短路

6. 故障6：CAN低线断路

波形如图2-47（彩图见彩插）所示。

当CAN低线断路时，CAN系统无法正常工作。

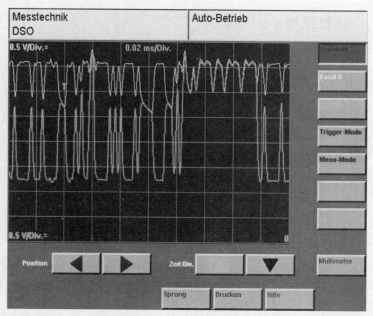

图2-47　CAN低线断路

7. 故障7：CAN高线断路

波形如图2-48（彩图见彩插）所示。

当CAN高线断路时，CAN系统无法正常工作。

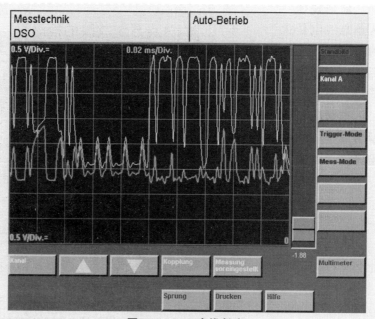

图2-48　CAN高线断路

六、动力CAN总线系统的故障自诊断

对于动力CAN总线系统故障，可通过车载自动诊断系统OBD-Ⅱ进行故障自诊断，通过故障码进行逻辑判断。奇瑞A5轿车OBD-Ⅱ诊断座线路如图2-49所示。

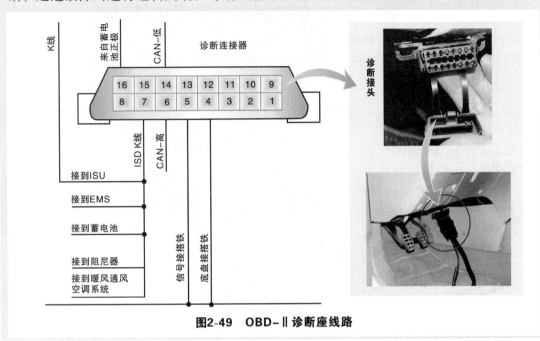

图2-49 OBD-Ⅱ诊断座线路

七、动力CAN总线系统终端电阻的检测与CAN导线维修

（一）奇瑞A5动力CAN总线系统故障的检测

若奇瑞A5动力CAN总线系统有故障，也可通过测总线系统终端电阻值的办法进行检测。方法是：关闭点火开关，拔下控制单元插头，此时不要连接线束插头。使用万用表测量A21发动机控制单元62针与81针之间的电阻，电路如图2-50所示。这是数据传递终端的电阻值，规定值为123Ω，如不符合规定应更换发动机控制单元。

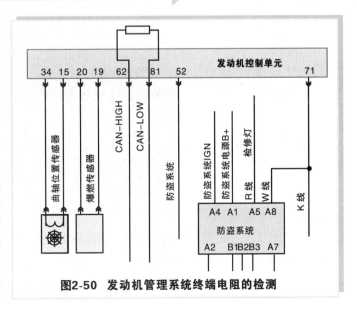

图2-50 发动机管理系统终端电阻的检测

（二）一汽大众宝来轿车动力CAN总线系统故障的检测

该车动力CAN总线连接3块控制单元，如图2-51所示。它们分别是发动机、ABS/EDL及自动变速器控制单元（动力CAN总线实际可以连接安全气囊、四轮驱动与组合仪表等控制单元）。CAN总线可以同时传递10组数据：发动机控制单元5组、ABS/EDL控制单元3组和自动变速器控制单元2组。数据总线以500kb/s速率传递数据，每一数据传递大约需要0.25ms，每一控制单元7~20ms发送一次数据；优先权顺序为ABS/EDL控制单元、发动机控制单元、自动变速器控制单元。

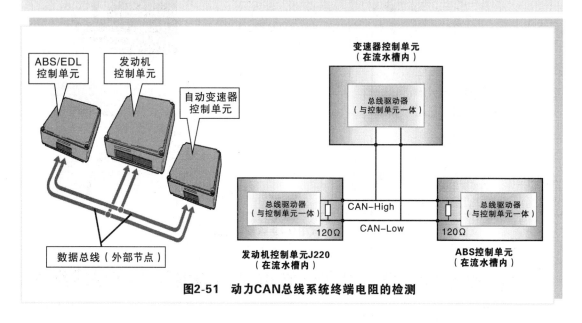

图2-51 动力CAN总线系统终端电阻的检测

1. 检查条件

（1）CAN总线自诊断时未发现故障。
（2）ABS控制单元已按数据总线编制了代码。

2. 手动变速器车的检测步骤

所用的专用工具及设备如下（图2-52）：检测盒V.A.G1598/21、检测盒V.A.G1598/22、便携式万用表V.A.G1526或万用表V.A.G1715、成套辅助接线V.A.G1594。

图2-52 专用工具及设备

a) 检测盒V.A.G1598/22; b) 便携式万用表V.A.G1526; c) 成套辅助接线V.A.G1594

(1) 关闭点火开关。

(2) 松开并拔下发动机控制单元插头。

(3) 将V.A.G1598/22接到发动机控制单元线束上。

(4) 检查带终端电阻的ABS控制单元的CAN总线，即测量检测盒插口29与41之间电阻，规定值115~135Ω。

(5) 如果电阻值不符合要求，拆下空气滤清器。

①松开并拔下ABS控制单元插头。

②检查CAN总线彼此间是否短路，测量检测盒上插口29至41间电阻，规定值为∞。

③如果未达到规定值（导线彼此间短路），按电路图排除导线故障。

④如果达到规定值（导线彼此间无短路），将检测盒V.A.G1598/21接到ABS控制单元线束上。

⑤按电路图检查V.A.G1598/22与V.A.G1598/21插口间CAN总线是否断路，插口29与10、插口41与11的导线电阻：最大1.5Ω。

⑥检查导线是否对蓄电池正极或搭铁短路。

⑦如确定导线无故障，更换ABS控制单元。

(6) 如果电阻值在规定范围内，拆下空气滤清器。

①松开并拔下ABS控制单元插头。

②检查发动机控制单元与ABS控制单元间导线是否对搭铁或正极短路。

③如果确定导线无故障，再插上发动机控制单元插头。

④将V.A.G1598/21接到ABS控制单元线束上。

⑤检查发动机控制单元内的终端电阻，即测量检测盒插口10与11之间电阻，规定值 115~135Ω。

⑥如果电阻值不在规定值范围内，更换发动机控制单元。

3. 自动变速器车的检测步骤

所用的专用工具及设备如下：检测盒V.A.G1598/21、检测盒V.A.G1598/22、便携式万用表V.A.G1526或万用表V.A.G1718、成套辅助接线 V.A.G1594、检测盒V.A.G1598/18。

（1）关闭点火开关。
（2）拔下变速器控制单元插头。
（3）将V.A.G1598/18接到控制单元线束上，并锁止。
（4）检查CAN总线（其上有发动机控制单元及ABS控制单元的终端电阻），检查检测盒插口3与25间电阻，规定值55~75Ω。如果显示0~5Ω，原因为两数据线间短路，应检查导线；如果显示135Ω~∞，原因为导线断路、对正极短路、接触电阻故障等，应检查导线；如果显示115~135Ω，原因为ABS控制单元或发动机控制单元导线断路。
（5）如果电阻值在规定值范围内：

①检查导线是否对蓄电池正极或搭铁短路；
②如果确定导线无故障，再次插上变速器控制单元插头；
③打开点火开关，清除故障码后试车；
④用"自动检测"功能查询所有控制单元的故障码；
⑤试车后，如发动机控制单元内仍有数据总线故障，更换变速器控制单元。

（6）如果阻值在115~135Ω：

①松开并拔下发动机控制单元的插头；
②检查数据总线(其上有ABS控制单元终端电阻)，即再次测量检测盒插口3与25间电阻，规定值115~135Ω；
③如果电阻值不符合要求内，则应检查CAN总线；
④如果ABS控制单元导线正常，则更换ABS控制单元；
⑤如果电阻值在规定范围内，再插上发动机控制单元的插头；
⑥拆下空气滤清器；
⑦松开并拔下ABS控制单元插头；
⑧检查CAN总线(其上有发动机控制单元终端电阻)，即测量检测盒插口3与25之间电阻，规定值为115~135Ω；
⑨如果电阻值不在规定范围内，检查CAN总线；
⑩如果确定导线无故障，则应更换发动机控制单元。

4. 检查CAN总线

（1）松开并拔下ABS控制单元插头。
（2）松开并拔下发动机控制单元插头。
（3）检查CAN总线彼此间是否短路，即测量V.A.G1598/18上插口3与25间电阻，规定值为∞。
（4）如果未达到规定值（导线彼此间短路），按电路图排除导线故障。
（5）如果达到规定值（导线彼此间无短路），将V.A.G1598/22接到发动机控制单元线束上。
（6）按电路图检查检测盒间的CAN总线是否断路，插口29与3、插口41与25的导线电阻：最大为1.5Ω。
（7）检查导线是否对蓄电池正极或搭铁短路。
（8）如果确定导线无故障，将V.A.G1598/21接到ABS控制单元线束2上。
（9）按电路图检查V.A.G1598/22与V.A.G1598/21间的CAN总线是否断路，插口41与11、插口29与10的导线电阻：最大为1.5Ω。

八、卡罗拉动力CAN总线系统故障维修

详细内容见附录A。

思考与练习

1. 汽车上采用总线传输具有哪些优势？
2. 什么是多路传输？多路传输有哪几种方式？车载网络常采用何种方式？
3. 局域网有哪几种拓扑结构？其传输物理介质有哪几种？
4. CAN报文有哪几种形式？数据帧由哪些位域组成？各位域的功能是怎样的？
5. 车载网络根据通信速率的高低分为哪几类？各类的通信速率范围是多少？每一类有哪些典型协议的网络？
6. 车载网络可以应用于车上的哪些系统？这些系统可采用哪些协议的网络？
7. 动力CAN总线系统一般可以连接哪些电脑？其通信位速率是多少？其优先权顺序是怎样的？
8. 动力CAN总线系统由哪些部分构成？各部分的功能是什么？
9. 动力CAN总线系统是如何实现电磁兼容（即抗干扰和不干扰外界）的？
10. 如何用万用表对动力CAN总线进行检测？
11. 如何检测动力CAN总线系统的波形？其正常工作波形具有哪些特点？其故障波形有哪些？各具有什么特点？

实训工单二

项目名称：动力CAN总线系统的认识与万用表检测

班　级_____　学　号_____　姓　名_____

分组号_____　车　型_____　日　期_____

能力目标：

1. 能熟练使用维修手册查阅相关资料。
2. 能说出动力CAN总线系统的基本组成，并说明其基本工作原理和功能。
3. 能使用万用表对动力CAN总线系统进行检测。

器材、仪器：

具有动力CAN总线系统的实验车（每组一台）、万用表（每组一个）、实验车维修手册、实验车电路图。

任务一：动力CAN总线系统的认识

1. 查阅该车维修手册，画出动力CAN总线系统的结构原理图。

学习任务2　动力CAN总线的检测与修复　·77·

2.在车上至少找到三个连接在动力CAN总线系统的控制单元,完成下例任务:

(1)控制单元一:单元名称_____,单元编号_____,连接CAN-H的插脚编号是_____,连接CAN-L的插脚编号是_____。

(2)控制单元二:单元名称_____,单元编号_____,连接CAN-H的插脚编号是_____,连接CAN-L的插脚编号是_____。

(3)控制单元三:单元名称_____,单元编号_____,连接CAN-H的插脚编号是_____,连接CAN-L的插脚编号是_____。

(4)在OBD-Ⅱ诊断座上,连接CAN-H的插脚编号是_____,连接CAN-L的插脚编号是_____。

(5)在该车型中,CAN导线采用的导线形式为_____,其规格为_____。CAN-H的颜色标志是_____,CAN-L的颜色标志是_____。

任务二:动力CAN总线系统的万用表检测

1.动力CAN总线系统的电阻检测。

(1)在OBD-Ⅱ诊断座上检测。

检测对象	检测值	检测条件
CAN-H与CAN-L		
CAN-H与CAN-L		① ②拔下一个含终端电阻控制单元插头
CAN-H与CAN-L		① ②接上前面拔下的控制单元插头。 ③拔下另一个含终端电阻控制单元插头
CAN-H与搭铁		
CAN-L与搭铁		
CAN-H与正极		
CAN-L与正极		

注意:检测条件空白处要求自己填上,可查阅维修手册。

（2）CAN总线有哪几种形式的断路故障？如何通过电阻检测来判断？

（3）CAN总线有哪几种形式的短路故障？如何通过电阻检测来判断？

2.动力CAN总线系统的电压检测。

检测对象	检测值	检测条件
CAN-H对搭铁		
CAN-L对搭铁		
CAN-H对CAN-L		

思考：起动发动机，轻踩加速踏板，观测电压值的变化情况，说明原因。

实训工单三

项目名称：动力CAN总线系统的波形检测

班　级＿＿＿＿＿＿＿＿　学　号＿＿＿＿＿＿＿＿　姓　名＿＿＿＿＿＿＿＿

分组号＿＿＿＿＿＿＿＿　车　型＿＿＿＿＿＿＿＿　日　期＿＿＿＿＿＿＿＿

能力目标：

1. 能熟练使用维修手册查阅相关资料。
2. 能使用示波器对动力CAN总线系统进行波形检测。
3. 能读出动力CAN总线系统波形的数据，并说出各种波形的特点。

器材、仪器：

具有动力CAN总线系统的实验车（每组一台）、汽车专用示波器或带示波器功能的汽车故障诊断仪（每组一台）、实验车维修手册。

任务一：波形检测仪的认识与基本操作

1. 波形检测仪的名称为＿＿＿＿＿＿＿，该仪器为＿＿＿＿（通用/专用）检测仪。
2. 说明进入波形检测的主要操作步骤。

> **任务二：动力CAN总线系统的波形检测**

1. CAN-H与CAN-L的正常工作波形。

（1）电压单位值选取为_____，时间单位值选取为_____。

（2）根据检测结果画出CAN-H与CAN-L的正常波形草图（波形均可以为输出打印）。

（3）读取CAN-H与CAN-L正常波形的主要数据：

CAN-H的显性电平为_____，隐性电平为____；CAN-L的显性电平为_____，隐性电平为____；一个CAN信息帧的时间长度约为_____。

说明其主要特征：

2. CAN-H与CAN-L之间短路的信号波形。

（1）根据检测结果画出CAN-H与CAN-L之间短路的信号波形草图。

（2）说明CAN-H与CAN-L之间短路信号波形的主要特征。

3. CAN-H对搭铁短路的信号波形。

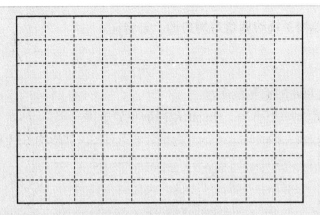

（2）说明CAN-H对搭铁短路信号波形的主要特征。

4. CAN-L对搭铁短路的信号波形。

（1）根据检测结果画出CAN-L对搭铁短路的信号波形草图。

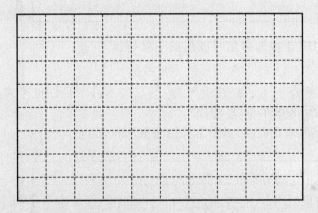

（2）说明CAN-L对搭铁短路信号波形的主要特征。

5. CAN-H对正极短路的信号波形。

（1）根据检测结果画出CAN-H对正极短路的信号波形草图。

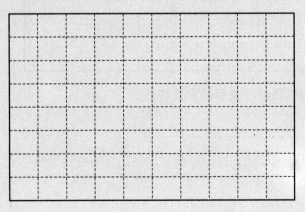

（2）说明CAN-H对正极短路信号波形的主要特征。

6. CAN-L对正极短路的信号波形。

（1）根据检测结果画出CAN-L对正极短路的信号波形草图。

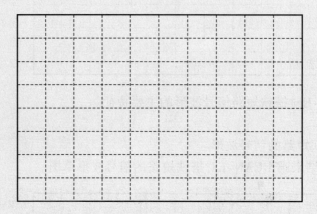

（2）说明CAN-L对正极短路信号波形的主要特征。

7. CAN-H断路的信号波形。

（1）根据检测结果画出CAN-H断路的信号波形草图。

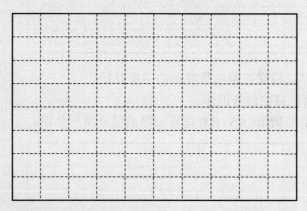

（2）说明CAN-H断路信号波形的主要特征。

8. CAN-L断路的信号波形。

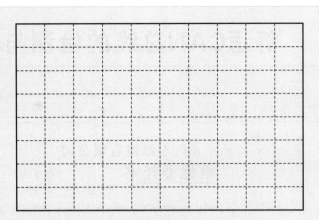

（2）说明CAN-L断路信号波形的主要特征。

学习任务3 舒适CAN总线的检测与修复

××××××汽车维修有限公司
维修委托书

工单号 No: 200803512

客户名称：张三　　车牌号：×××0088　　购车日期：2005 年 3 月 6 日　联系电话：××××××××××

联系人：张三　　车型：帕萨特B5 1.8T　　Vin No.：××××××××××××××××

送修日期：2008 年 6 月 2 日　　交付日期：2008 年 6 月 5 日　　行驶里程：1 0 8 1 3 0

故障报修描述症状	中央门锁和电动玻璃升降器不能正常工作	交接物品	无
提车要求	付款方式：☑现金 □刷卡 □支票 其他：	其他	洗车 是☑ 否□　带走旧件 是☑ 否□

序号	报　修　项　目
1	更换舒适系统中央控制单元
2	
3	
4	
5	
6	
	小计：　　元

备注	维修检查及施工情况详细见《维修检查·施工单》				
	旧件检查	空罐		旧件	油量　E　1/4　1/2　3/4　F

全车外观检查

车身如有变形、油漆划痕、玻璃、灯具裂痕等损伤，请在示意图中的方格内标注"√"。

第一联：客户（取车凭证，请注意保管）

维修委托书细则

甲方：（客户）
乙方：××××××汽车维修有限公司
维修细则：
1. 甲方已确认无包括现金在内的贵重物品遗留在车上。
2. 甲方已阅读并理解了本委托书及对应的《维修检查·施工单》上的所有内容，同意按乙方所列的维修项目和价格进行维修，甲方愿意支付相关的维修服务费及零件费。
3. 乙方同意甲方对维修车辆进行维修试车，包括场地试验或路试。
4. 如果甲方同意不带走旧件，乙方可以在甲方提车后对旧件进行处理。
5. 甲方确认并理解乙方已经充分告知的关于车辆检测或维修的相关情况，同时甲方有权采取必要的措施（包括但不限于拆解车辆的机械、电路及发动机等）进行检测或维修。同意乙方在对车辆进行进一步检测或维修时不再另行通知甲方。
6. 如因乙方过失致使维修车辆或部件损坏，乙方赔偿的范围仅限于维修或更换损坏车辆的部件，甲方同意不再提出其他赔偿要求。
7. 甲方应事先备份维修车辆上安装的所有软件或可存储数据信息。无论何时，维修车辆上安装的所有软件或可存储数据信息的损坏或丢失，乙方不作赔偿。
8. 甲方应在乙方通知提取车辆之日起壹个月内提取车辆，逾期不取，乙方有权按政府公布的停车费价格收取保管费用。
本人确认已经清楚理解并接受以上维修细则。

公司地址：××××××
救援热线：××××××　　服务热线：020-××××××××　　传真：020-××××××××
开户行：×××××××　　账号：×××××××　　乙方代表(接待员)：王先生

甲方（客户）签名
张三
日期：2008年6月2日

学习任务3 舒适CAN总线的检测与修复

一客户送来一辆帕萨特B5 1.8T轿车,汽车中央门锁和电动玻璃升降器不能正常工作,要求给予维修。

要完成这个工作任务,首先我们需要知道汽车舒适CAN总线的结构与原理、检修舒适CAN总线的各种方法。下面就分步来完成本学习任务。

情境 中央门锁和电动玻璃升降器不能正常工作

一、舒适CAN总线系统的结构与原理

舒适系统CAN总线的联网控制单元包括自动空调控制单元、车门控制单元、舒适控制单元等。控制单元通过舒适CAN总线的CAN-H线和CAN-L线来进行数据交换,如车门开/关、车内灯开/关等。

1. 舒适CAN总线信号波形

舒适CAN总线的速率达到100kb/s,为了使低速CAN总线抗干扰能力强且电流消耗低,与动力CAN总线相比作了一些改动。首先,由于使用了单独的驱动器(功率放大器),这两个CAN信号就不再有彼此的依赖关系,即任一根CAN线断路,CAN系统不受影响。舒适CAN总线的CAN-H线和CAN-L线间没有终端电阻,即高低CAN线不再彼此相互影响,而是彼此独立工作。在隐性状态(静电平)时,CAN-H线信号为0V,在显性状态时≥3.6V。对于CAN-L信号来说,隐性电平为5V,显性电平≤1.4V,如图3-1所示。在示波器上显示的舒适CAN总线波形图(静态)如图3-2(彩图见彩插)所示。

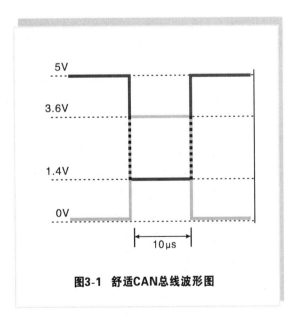

图3-1 舒适CAN总线波形图

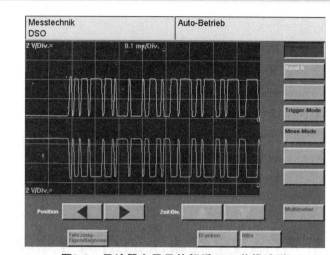

图3-2 示波器上显示的舒适CAN总线波形

2. 舒适CAN总线的CAN收发器

舒适CAN总线中收发器的结构如图3-3所示,其工作原理与动力CAN总线收发器基本是一样的,只是输出的电压和出现故障时切换到CAN-H线或CAN-L线(单线工作模式)的方法不同。另外,CAN-H线和CAN-L线之间的短路会被识别出来,并且,在出现故障时会关闭CAN-L驱动器,在这种情况下,CAN-H线和CAN-L线信号是相同的。

> CAN-H线的高电平为3.6V,CAN-H线的低电平为0V。
> CAN-L线的高电平为5V,CAN-L线的低电平为1.4V。
> 逻辑"0",CAN-H线电压为3.6V,CAN-L线电压为1.4V。
> 逻辑"1",CAN-H线电压为0V,CAN-L线电压为5V。

CAN-H线和CAN-L线上的数据传递由安装在收发器内的故障逻辑电路监控,故障逻辑电路检验两条CAN导线上的信号,如果出现故障(如某条CAN导线断路),那么故障逻辑电路会识别出该故障,从而使用完好的一条导线(单线工作模式)。

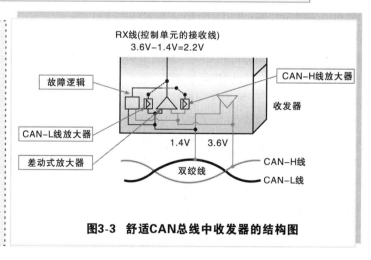

图3-3 舒适CAN总线中收发器的结构图

3. 单线工作模式下的舒适CAN总线

如果因断路、短路或与蓄电池电压相连而导致两条CAN导线中的一条不工作，就会切换到单线工作模式。在单线工作模式下，CAN舒适总线仍可工作，控制单元使用CAN不受单线工作模式影响，此时会有专用的故障输出通知控制单元。在示波器上显示的舒适CAN总线工作在单线模式下的波形（CAN舒适总线高线断路）如图3-4（彩图见彩插）所示。

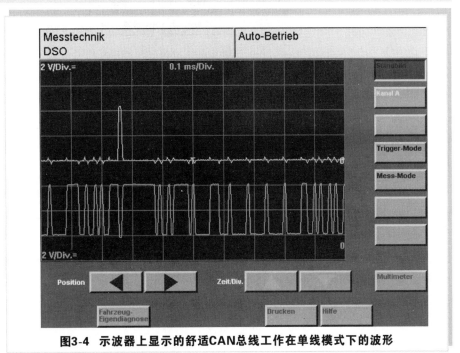

图3-4 示波器上显示的舒适CAN总线工作在单线模式下的波形

4. 用万用表测量舒适CAN总线的电压

舒适CAN总线的信号波形如图3-2所示。CAN高线信号在总线空闲时的电压约为0V，总线上有信号传输时总线上的电压值在0V和5V之间高频波动，因此CAN高线的主体电压应是0V，所以万用表的测量值为0.35V左右。

同理，CAN低线信号在总线空闲时的电压约为5V，总线上有信号传输时总线上的电压值在5V和0V之间高频波动，因此CAN低线的主体电压应是5V，所以万用表的测量值为4.65V左右。

二、舒适CAN总线在汽车上的运用

（一）舒适CAN总线在帕萨特汽车上的运用

帕萨特轿车舒适CAN总线系统电路如图3-5所示。

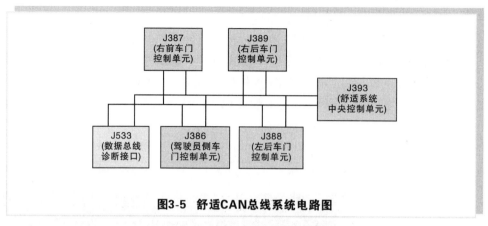

图3-5 舒适CAN总线系统电路图

舒适CAN总线元件位置如图3-6所示。

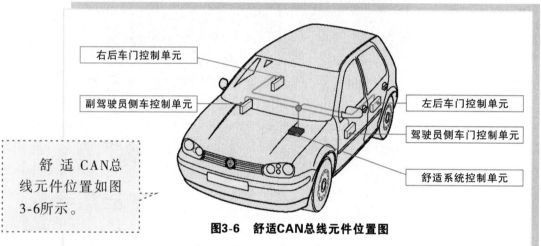

图3-6 舒适CAN总线元件位置图

舒适CAN数据总线连接中央控制单元及4个车门的控制单元,共5块控制单元。舒适CAN数据传递有5个功能:中央门锁、电动窗、照明开关、后视镜加热及自诊断功能。控制单元的各条传输线以星状形式汇聚一点。因此,如果一个控制单元发生故障,其他控制单元仍可发送各自的数据。

CAN数据总线使经过车门的导线数量减少,线路变得简单。如果线路中某处出现对搭铁短路、对正极短路或线路间短路,CAN系统会立即转为应急模式运行或转为单线模式运行。4个车门控制单元都是由中央控制单元控制,只需较少的自诊断线。

数据总线传输的优先权顺序为:中央控制单元→驾驶员侧车门控制单元→前排乘客侧车门控制单元→左后车门控制单元→右后车门控制单元。由于舒适系统中的数据可以用较低的速率传递,所以发送器性能比动力传动系统发送器的性能低。

（二）舒适CAN总线在波罗汽车上的运用

波罗舒适CAN总线以100kbps的传输速率工作，其组成如图3-7所示。

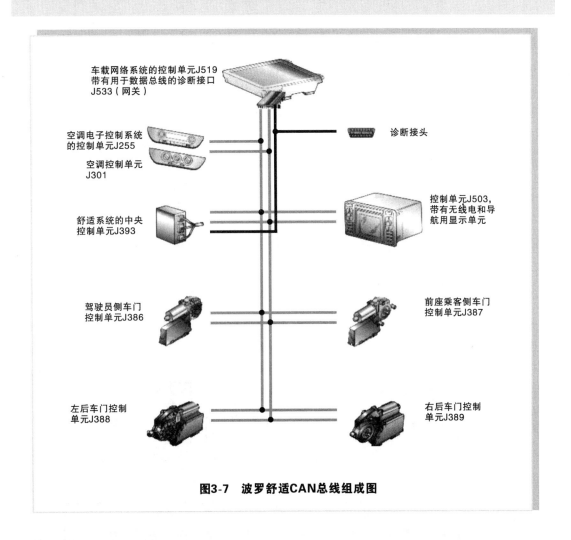

图3-7 波罗舒适CAN总线组成图

1. 舒适CAN总线组成

它由一个中央控制单元和至少两个车门控制单元组成，电路框图如图3-8所示。

中央控制单元的功能包括：行李舱使用中控门锁，舒适关闭功能（车窗升降机、活动天窗），驾驶员侧车门单独打开，车门使用中控门锁，整辆车通过内部按钮联锁和解锁，只能通过遥控器使防盗报警装置退出工作，可关闭的超声波车内监控、自诊断、中控门锁"安全"指示控制。

车门控制单元的功能包括：控制电动可调外后视镜（折叠功能），电动车窗升降机的过载保护功能和降噪平缓升起功能。

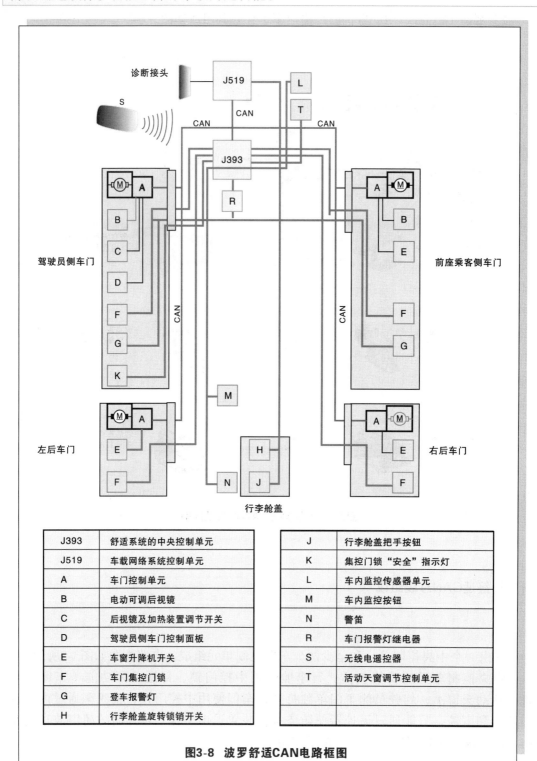

图3-8 波罗舒适CAN电路框图

2. 行李舱遥控解除联锁

带无线遥控器的车辆，遥控器上还有一个按钮用于对行李舱盖单独进行遥控解锁。按钮位置如图3-9所示。

操作遥控器上的解锁按钮可对行李舱盖解除联锁。如果行李舱盖在两分钟内未被打开，则又会重新自动联锁。

此功能在车载网络系统控制单元内设码。

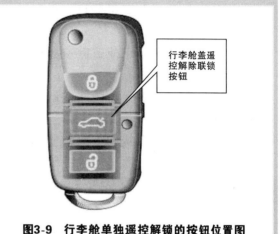

图3-9　行李舱单独遥控解锁的按钮位置图

3. 驾驶员侧车门单独打开

此功能用于加强个人安全性。短时按动遥控器上的开启按钮只能对驾驶员侧车门解除联锁。按钮位置如图3-10所示。

这一点通过所有转向信号灯的短时闪烁表现。

两次按动开启按钮则所有车辆锁都解除了联锁。

如果整辆车都解除了联锁，而在30s内未打开车门或后行李舱盖，车辆又会重新联锁。

这样就阻止了对车辆无意的持续解除联锁。

此选项在车辆供应时根据车辆装备在舒适系统的中央控制单元内编码。

图3-10　驾驶员侧车门解锁的按钮位置图

4. 登车报警灯

前车门装备了登车报警灯,位置如图3-11所示。

登车报警灯的使用使道路交通中的车辆明显增加了安全性。

它通过车门锁单元内的车门触点开关接通。

舒适CAN总线系统的中央控制单元J393确保车辆停止而车门未关闭时登车报警灯仅亮10min,从而避免电池放电。

其电路如图3-12(彩图见彩插)所示。

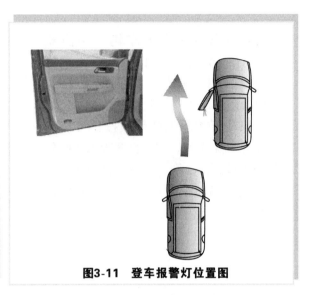

图3-11 登车报警灯位置图

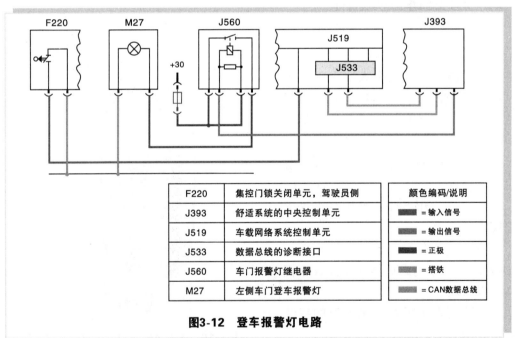

F220	集控门锁关闭单元,驾驶员侧
J393	舒适系统的中央控制单元
J519	车载网络系统控制单元
J533	数据总线的诊断接口
J560	车门报警灯继电器
M27	左侧车门登车报警灯

| 颜色编码/说明 |
| ■ = 输入信号 |
| ■ = 输出信号 |
| ■ = 正极 |
| ■ = 搭铁 |
| ■ = CAN数据总线 |

图3-12 登车报警灯电路

(三)舒适CAN总线在速腾汽车上的运用

速腾舒适CAN总线系统的传输速度100kb/s,系统组成如图3-13所示。舒适CAN总线系统位置如图3-14所示。

D——启动控制（钥匙）；
E221——多功能转向盘(MFL)；
G273——内部监控传感器；
G384——车辆倾斜传感器；
G397——雨滴+光强传感器；
H8——报警喇叭；
J136——座椅位置记忆控制单元；
J255——空调控制单元；
J386、J387、J388、J389——车门控制单元；
J393——舒适系统控制单元；
J400——刮水器电动机控制单元；
J446——停车辅助控制单元；
J519——中央电器系统控制单元；
J527——转向柱开关模块；
J533——网关。

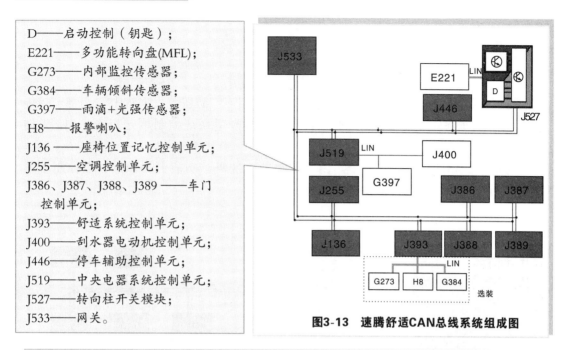

图3-13 速腾舒适CAN总线系统组成图

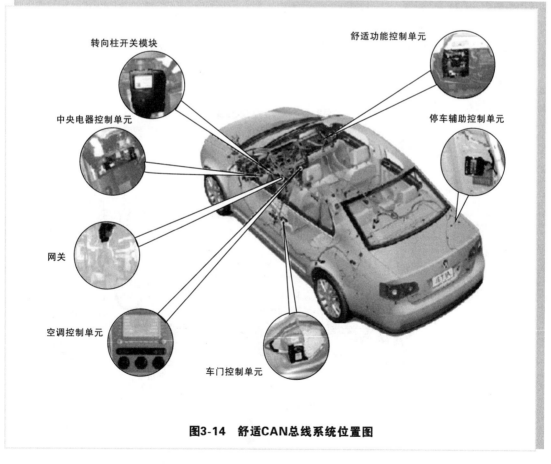

图3-14 舒适CAN总线系统位置图

1. 车门控制

车门控制单元通过CAN与舒适系统控制单元相连。防盗警报喇叭H8、内部监控传感器G273和车身倾斜传感器G384通过LIN总线与舒适系统控制单元相连，如图3-15所示。

与宝来A4不同，该车的4个车门有单独的地址码，功能更加强大，以控制本区域内的所有功能，这样可减少整车线束。

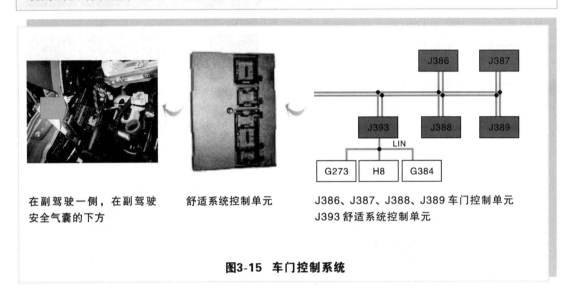

图3-15 车门控制系统

2. 遥控功能

具有遥控功能的门控系统组成示意图如图3-16所示。

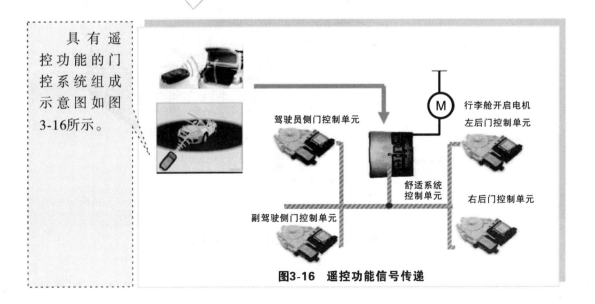

图3-16 遥控功能信号传递

3. 油箱开启功能

油箱开启功能的系统组成示意图如图3-17所示，电路图如图3-18所示。

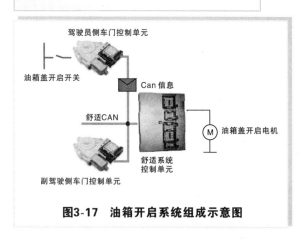

图3-17 油箱开启系统组成示意图

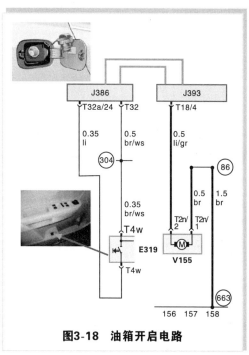

图3-18 油箱开启电路

4. 车内中控锁

车内中控锁系统组成及电路如图3-19所示。

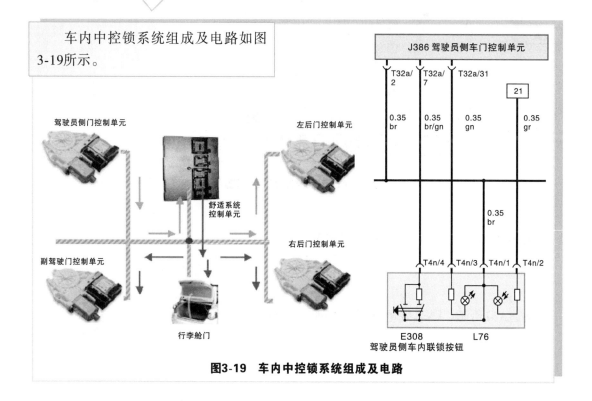

图3-19 车内中控锁系统组成及电路

（四）舒适CAN总线在奥迪A6L汽车上的运用

1. 舒适CAN总线的组成

奥迪A6L舒适CAN总线连接空调控制单元、停车辅助控制单元、挂车控制单元、蓄电池能量管理单元、车门控制单元、电子转向柱锁控制单元、驻车加热控制单元、轮胎气压监控控制单元以及多功能转向盘、电子后座椅等控制单元，如图3-20所示。点火开关关闭后，CAN通信一直有效。通信断路时（如拔下插头或某一控制单元供电断路）会产生故障记忆。再重新连接正常后，必须删除所有控制单元的故障存储后才可以正常运行。

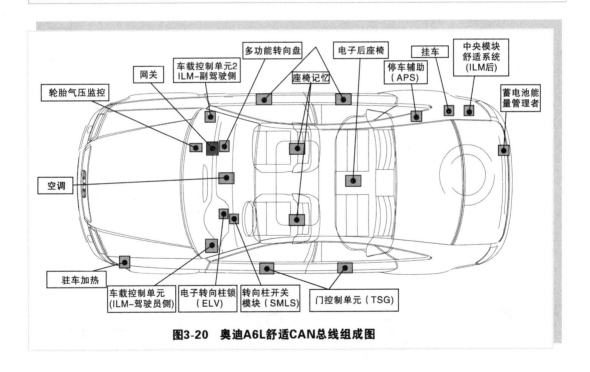

图3-20 奥迪A6L舒适CAN总线组成图

2. 奥迪A6L舒适CAN总线电路原理图

奥迪A6L舒适CAN总线电路原理图如图3-21～图3-23所示：

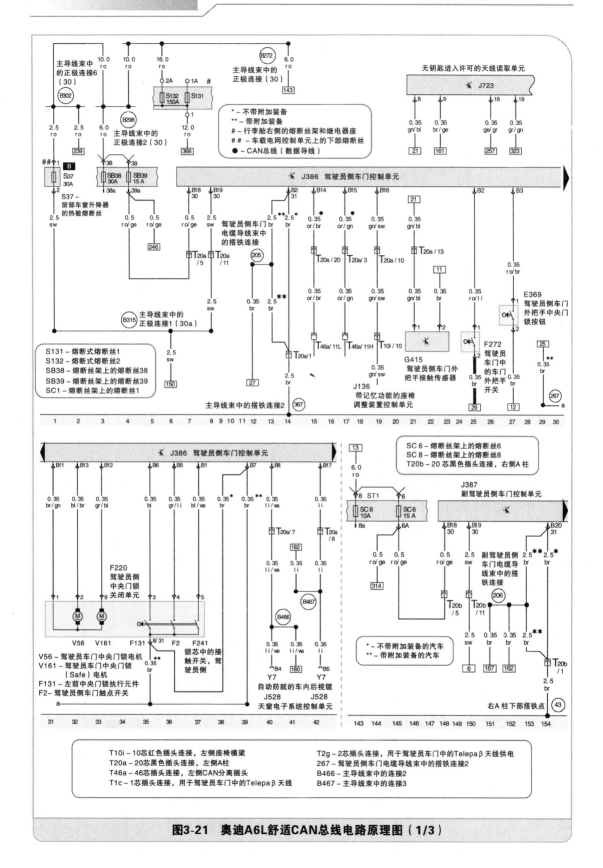

图3-21 奥迪A6L舒适CAN总线电路原理图（1/3）

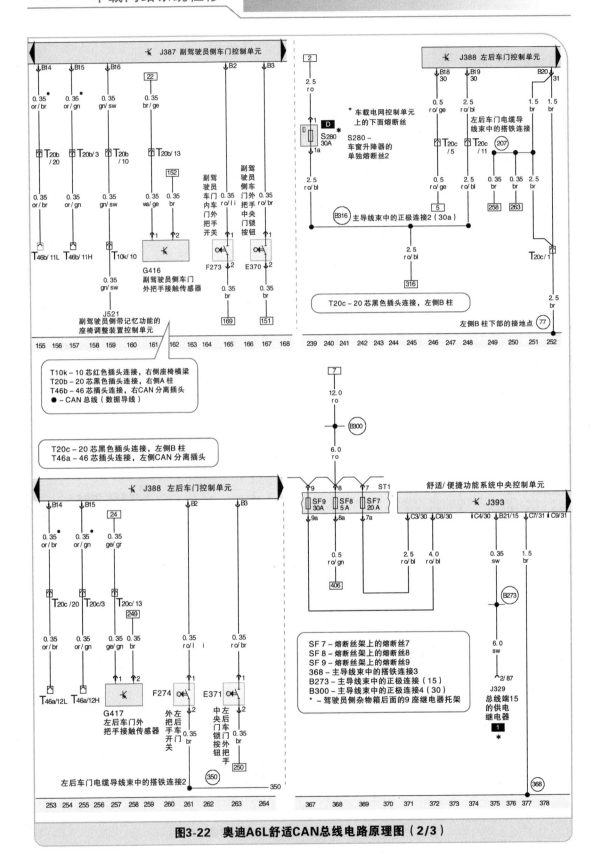

图3-22 奥迪A6L舒适CAN总线电路原理图（2/3）

学习任务3 舒适CAN总线的检测与修复

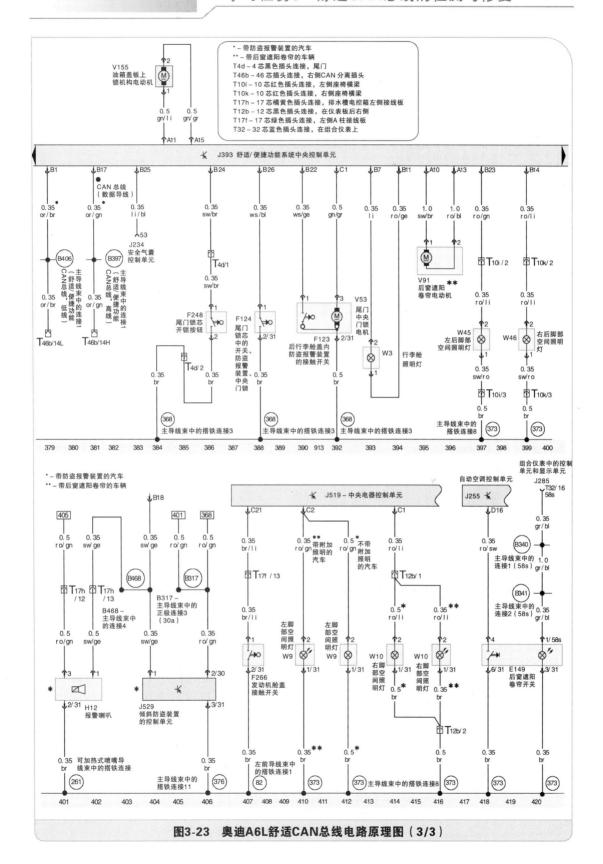

图3-23 奥迪A6L舒适CAN总线电路原理图（3/3）

其中主要元件的功能介绍如下。

1）舒适便捷功能系统中央控制单元J393

其主要功能分别是：用于控制水平/防盗系统控制单元J529；中央门锁主控制单元；闪光主控制单元；防盗警报主控制单元。

2）水平/防盗系统控制单元J529

该控制单元内包含有传感器元件、微控制器和一个LIN总线收发器。传感器由可动的搭铁元件构成（图3-24），这个搭铁元件用弹簧支在两个电容器片之间，电容器片直接连在微控制器上。

当传感器水平位置发生变动时（图3-25），搭铁元件就会在两个电容器片之间移动，移动的幅度取决于弹簧的行程。两个电容器片之间加有电压，搭铁元件的移动会导致两片之间电容发生变化，从而产生电压信号。这个电压信号就被微控制器识别为车辆的水平变化。传感器的测量范围是±25°，电容变化的测量精度对应值为0.1°。

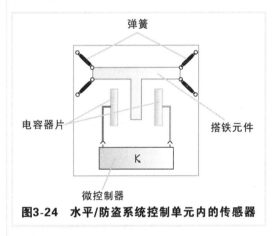

图3-24 水平/防盗系统控制单元内的传感器

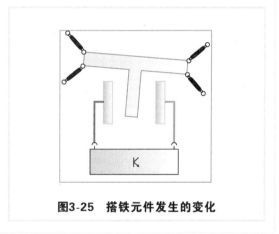

图3-25 搭铁元件发生的变化

3）中央电器控制单元J519的任务

（1）作为灯的主控制单元，通过数据传输系统给相关的控制单元提供所需要的照明信息（例如驻车灯），这些控制单元根据这些信息就可以启动相应的执行元件。另外还要监控车外前部灯的功能，这个监控过程是通过监控灯泡的冷、热来实现的。

（2）替代主导功能：供电控制单元承担舒适/便捷功能系统中央控制单元J393的替代主导功能。也就是说，如果舒适系统控制单元与舒适CAN总线断开了或损坏了，那么供电控制单元会将闪光信号的信息传送到舒适CAN总线上。

4)车门控制单元J386、J387、J388和J389的任务

（1）读取相应车门上所有开关的信息并控制车门内电机、灯和加热器。

（2）替代主导功能：在舒适/便捷功能系统中央控制单元J393出现故障时，驾驶员车门控制单元J386就会承担控制中央门锁系统的功能。如果驾驶员车门控制单元发觉与舒适系统中央控制单元的通信中断，那么其他车门控制单元就直接使用驾驶员车门控制单元的信息。在这种情况下，使用遥控器和高级钥匙就打不开车门了。

3. 舒适CAN总线的特点

舒适CAN总线具有如下的特点：

（1）传输率为100kb/s；
（2）级别为CAN/B；
（3）双绞线：高线为橙/绿色，低线为橙/棕色。

三、舒适CAN总线系统故障的波形分析

对于舒适CAN总线系统故障，可以用DSO进行测量，通过分析测试的波形，从而判断故障部位。下面以奥迪车系为例来进行讲述。

（一）DSO的设置

用DSO对舒适CAN总线进行测量，双通道模式连线如图3-26所示。两条CAN总线每一条线分别通过一个通道进行测量，通过DSO图形的分析可以很容易地发现故障。

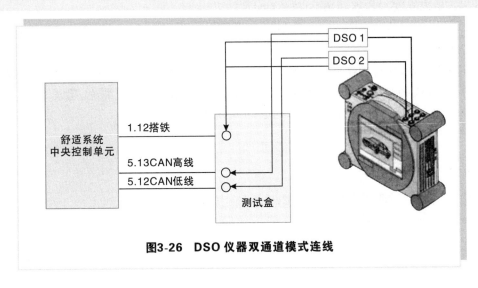

图3-26 DSO仪器双通道模式连线

DSO的设置： 设置如图3-27（彩图见彩插）所示。

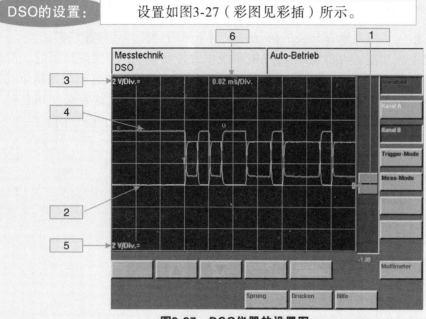

图3-27　DSO仪器的设置图

详细说明如下：

1——通道A和通道B的零坐标线等高。通道A的零标记被通道B所掩盖。在读取数值时，可以将零线相互分开。

2——通道A显示CAN高线。

3——通道A电压单位值的设定。在0.02ms/Div时，DSO的显示可被较好地利用，这也便于电压值的读取。

4——通道B显示CAN低线。

5——通道B电压单位值的设定应与通道A相符。这便于电压电位的比较分析。

6——时间单位值应尽可能选取小一些。由于舒适系统CAN总线的比特周期较长（10μs），所以在DSO内可以显示1位（bit）。

注意：

舒适系统CAN总线电压电位与驱动系统CAN总线的显示有所不同。舒适系统CAN总线的CAN低线隐性电位高于CAN高线，CAN高线的显性电位高于CAN低线。为了读取数值建议将两条零线分开。

（二）信号说明

电压与电位说明如图3-28（彩图见彩插）所示。

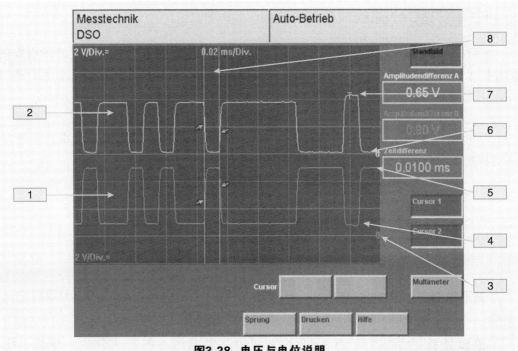

图3-28 电压与电位说明

详细说明如下：

1 —— 通道B的CAN低线显示。
2 —— 通道A的CAN高线显示。
3 —— 通道B的零线。
4 —— CAN低线的显性电压，向下没有达到零线坐标。
5 —— CAN低线的隐性电压。在总线不工作的状态下，5V的隐性电压电位切换到0V。
6 —— 通道A的零线坐标和CAN高线的隐性电压电位。
7 —— CAN高线的显性电压电位。
8 —— 1位（bit）的显示时间（10μs）。

电压电位关系如表3-1所示。

注意：电压电位必须达到最小的规定。

表3-1 电压电位关系

电位	CAN高线对搭铁	CAN低线对搭铁	电位差
显性（0）	4V（>3.6V）	1V（<1.4V）	3V
隐性（1）	0V	5V	-5V

例如：CAN高线的显性电压电位至少达到3.6V，如果未达到区域要求，控制单元将不能准确地判定电压电位是逻辑值0或者1，这将导致出现故障存储或单线工作状态，在隐性电压电位，一个负值（0-5V=-5V）可以被精确地计算出来。

(三)舒适CAN总线故障波形分析

当故障存储记录为"舒适总线故障"时,用DSO进行测量,可以确定故障引发的原因并找到故障点。因为舒适总线具有单线工作能力,所以当出现故障时,用DSO可以确定两条CAN总线中哪一条有故障。

> **说明**:在下面所示的故障波形图中,用通道A测量CAN高线的电压,用通道B测量CAN低线的电压。

1. CAN高线与CAN低线之间短路

波形说明:波形如图3-29(彩图见彩插)所示,图中通道A和通道B的零线坐标重叠,通过设置可以看出CAN高线和CAN低线的电压电位是相同的。

故障分析:CAN高线与CAN低线之间短路影响所有的舒适总线,舒适系统CAN总线因此单线工作,即:通信仅为一条线路的电压电位起作用,控制单元利用该电压电位对地值确定传输数据。

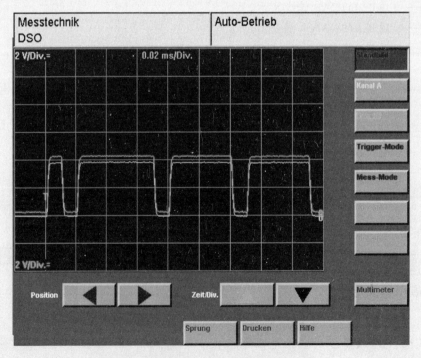

图3-29 CAN高线与CAN低线之间短路

2. 高线对正极短路

波形说明：波形如图3-30（彩图见彩插）所示，CAN高线的电压电位约为12V或蓄电池电压，CAN低线的电压电位正常。

故障分析：高线对正极短路时，舒适系统CAN总线变为单线工作。

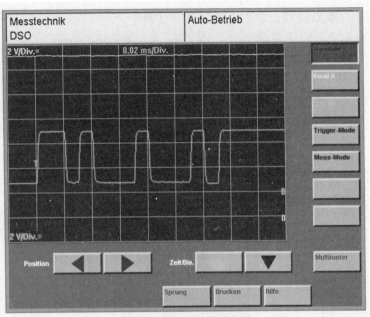

图3-30　高线对正极短路

3. 高线对搭铁短路

波形说明：波形如图3-31（彩图见彩插）所示，CAN高线的电压置于0V，CAN低线的电压电位正常。

故障分析：当高线对搭铁短路时，所有舒适系统CAN总线变为单线工作。从图中可以看出，该故障是由于高线对搭铁短路引起，这和高线断路的波形有所不同。

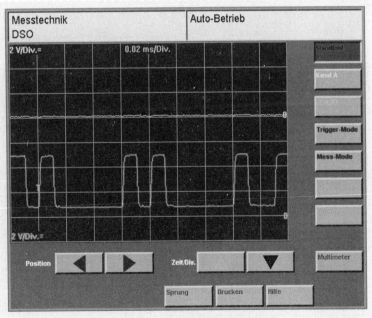

图3-31　高线对搭铁短路

4. CAN低线对正极短路

波形说明：波形如图3-32（彩图见彩插）所示，CAN低线的电压约为12V或蓄电池电压，CAN高线的电压电位正常。

故障分析：CAN低线对正极短路时，舒适系统CAN总线变为单线工作。

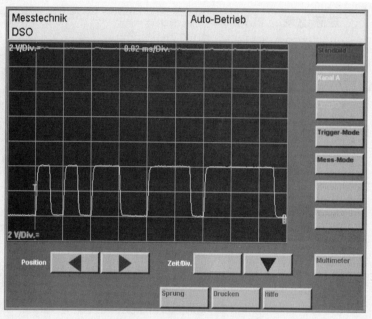

图3-32 CAN低线对正极短路

5. CAN低线对搭铁短路

波形说明：波形如图3-33（彩图见彩插）所示，CAN低线的电压为0V，CAN高线的电压电位正常。

故障分析：CAN低线对搭铁短路时，舒适系统CAN总线变为单线工作。

该故障波形与CAN断路波形有些相似，注意分辨。

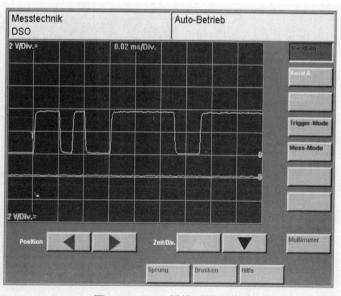

图3-33 CAN低线对搭铁短路

6. CAN低线断路

波形说明：波形如图3-34所示，CAN高线的电压电位正常，在CAN低线上为5V隐性电压电位和1位（bit）长的1V显性电压电位。

故障分析：当一个信息内容被正确地接收，则控制单元发送这个显性电压电位。图3-34（彩图见彩插）所示是由很多发送控制单元组成的系统，第Ⅰ部分是信息的一部分。该信息被一个控制单元所发送，在Ⅱ时间点接收到正确的信息内容，则

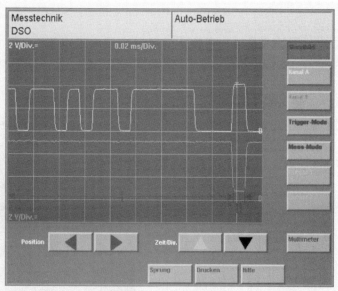

图3-34　CAN低线断路

接收控制单元用一个显性的电压电位给予答复。在Ⅱ时间点，由于收到正确的信息，则所有控制单元都同时发送一个显性的电压电位，所以，该比特的电位差要大一些。

7. CAN高线断路

波形说明：波形如图3-35（彩图见彩插）所示，CAN低线的电压电位正常，在CAN高线上为0V隐性电压电位和1位（bit）长的4V显性电压电位。

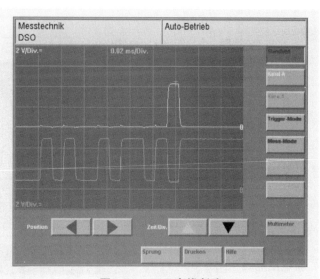

图3-35　CAN高线断路

实际维修中发现,由于线束的破损导致总线短路,破损的线束靠近接搭铁或正极,经常因受潮,使该处产生连接电阻。下面所示的故障波形为有连接电阻情况的短路。

8. CAN高线与搭铁之间通过连接电阻短路

波形说明: 如图3-36(彩图见彩插)所示,CAN高线的显性电位移向接搭铁方向。

故障分析: 从波形图上可以看出,CAN高线的显性电压大约为1V(正常时应为4V左右)。显性电压受连接电阻影响,电阻越小,则显性电压越小,在没有连接电阻的情况下短路,则该电压为0V(图3-31)。

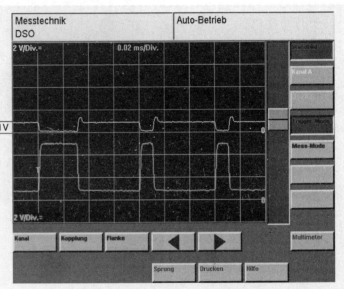

图3-36 CAN高线与搭铁之间通过连接电阻短路

9. CAN高线与正极之间通过连接电阻短路

波形说明: CAN高线的隐性电压电位移向正极方向。

故障分析: 波形如图3-37(彩图见彩插),从波形图上可以看出,CAN高线隐性电压电位约为1.8V(正常时应约为0V),该电压的变化是由于连接电阻引起的。电阻越小,则隐性电压电位越大,在没有连接电阻的情况下,该电压值应等于正极电压或蓄电池电压(图3-30)。

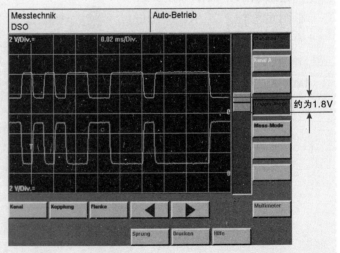

图3-37 CAN高线与正极之间通过连接电阻短路

10. CAN高线与CAN低线之间通过连接电阻短路

波形说明：如图3-38（彩图见彩插）所示，CAN高线与CAN低线的隐性电压电位相互靠近。

故障分析：CAN高线的隐性电压约为1V（正常值为0V），CAN低线的显性电压约为4V（正常值为5V）。CAN高线与CAN低线的显性电压电位正常。

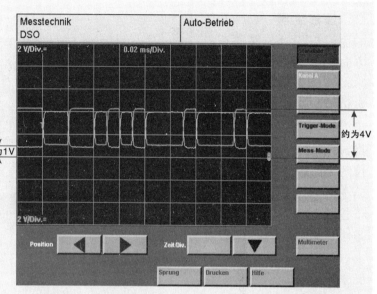

图3-38　CAN高线与CAN低线之间通过连接电阻短路

11. CAN低线通过连接电阻对搭铁短路

波形说明：波形如图3-39（彩图见彩插）所示，CAN低线的隐性电压电位移向0V方向。

故障分析：从波形图上可以看出，CAN低线隐性电压电位约为3V（正常时应为5V），该电压变化是由于连接电阻引起的。电阻越小，则隐性电压电位越小，在没有连接电阻的情况下，该电压为0V。

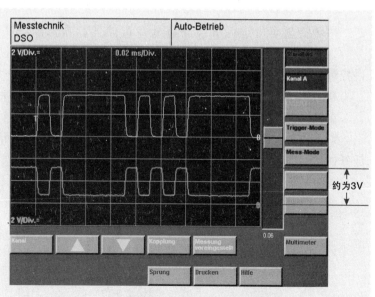

图3-39　CAN低线通过连接电阻对搭铁短路

12. CAN低线通过连接电阻对正极短路

波形说明：CAN低线的隐性电压电位移向正极方向。

故障分析：波形如图3-40（彩图见彩插）所示，从波形图上可以看出，CAN低线隐性电压电位约为13V（正常时应约为5V），该电压的变化是由于连接电阻引起的。电阻越小，则隐性电压电位越大，在没有连接电阻的情况下，该电压值应等于正极电压或蓄电池电压（图3-32）。

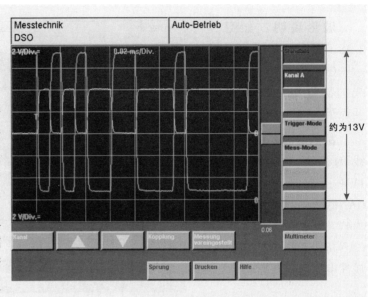

图3-40　CAN低线通过连接电阻对正极短路

四、舒适CAN总线系统的故障自诊断

帕萨特轿车舒适系统装备有故障存储器，自诊断接头位于中央控制台的延伸部分。控制单元J393识别出舒适系统（包括中央门锁系统、防盗报警电动车窗、无线电遥控和后视镜）的故障，并将其储存到存储器中。

利用VAS5051可对舒适系统中央控制单元进行执行元件自诊断。

在更换部件之前，清除故障码，执行功能检查，并再次读取故障码。

VAS5051包含有自诊断、测量仪器、示波器、故障引导程序。详细说明参看学习任务1中的相关内容。

1. 故障码的读取

（1）连接故障阅读仪，开始自诊断，显示器显示：

```
Rapid data transfer        HELP
Select function × ×
```

```
快速数据传输    帮助
选择功能××
```

（2）按下0和2键（功能"读取故障码"的地址词为02），显示器显示：

```
Rapid data transfer    Q
02 Interrogate fault memory
```

```
快速数据传输    Q
02读取故障码
```

（3）按下打印键，并按Q键确认输入。显示器上显示出所储存的故障数目。

```
xfault recognized!
```

```
发现x个故障！
```

（4）存储的故障按先后顺序显示并打印。如果识别到故障，则排除故障，清除故障码，再次读取故障码。

（5）借助故障表排除所打印出的故障。"读测量数据组"和显示组说明可以作为辅助手段。测量数据组分为15个测量组。对每一个测量区域的划分可以从显示组概述中得到。

（6）如果显示"No fault recognized（未识别到故障）"，则按下▼键，程序回到开始位置。显示器显示：

```
Rapid data transfer    Q
Select function××
```

```
快速数据传输    Q
选择功能××
```

（7）如果显示其他信息，按下0和6键结束输出，显示器显示：

```
Rapid data transfer    HELP
Enter address word××
```

```
快速数据传输    帮助
输入地址词××
```

（8）关闭点火开关，断开V.A.G1551故障阅读仪的连接。

2. 故障码的清除

（1）连接故障阅读仪，开始自诊断，显示器显示：

```
Rapid data transfer          HELP
Select function××
```

```
快速数据传输                 帮助
选择功能××
```

（2）按下0和5键（功能"清除故障码"的地址词为05），显示器显示：

```
Rapid data transfer          Q
05 Erase fault memory
```

```
快速数据传输                 Q
05清除故障码
```

（3）按下Q键并确认输入，显示器显示：

```
Rapid data transfer          →
Fault memory is erased
```

```
快速数据传输                 →
故障码已被清除
```

（4）接下▼键，显示器显示：

```
Rapid data transfer          HELP
Select function××
```

```
快速数据传输                 帮助
选择功能××
```

（5）如果显示器显示以下信息，则测试过程出现故障。

```
Warning
Fault memory was not interrogated!
```

```
警告
故障存储器不能正常工作!
```

（6）严格按照测试步骤进行，首先读取故障码，然后清除故障码。
（7）接下0和6键，结束输出，显示器显示：

```
Rapid data transfer        Q
06 End output
```

```
快速数据传输              Q
06结束输出
```

（8）按下Q键，确认输入，显示器显示：

```
Rapid data transfer        HELP
Enter address word ××
```

```
快速数据传输              帮助
输入地址词××
```

（9）关闭点火开关，断开V.A.G1551故障阅读仪的插头。

3. 故障码的具体内容

故障码如表3-2所示。车门控制单元也可能出现"没有通信"故障，对舒适系统功能没影响，不必采取措施。**故障阅读仪输出：**

```
01333 049
Door CU-J388
No communication
```

```
01333 049
门控制单元-J388
没有通信
```

故障码一览表　　　　　　　　　　　　　　　表3-2

V.A.G1551打印输出	故 障 原 因	故 障 排 除
00000 没有识别到故障	如果在修理后出现"没有识别到故障"信息，则诊断结束	
00668 　车辆电源接线柱30信号太小	①蓄电池放电 ②导线或接头故障	①对蓄电池进行充电 ②根据电路图检查导线和接头

续上表

V.A.G1551打印输出	故障原因	故障排除
65535 控制单元故障	①导线或接头故障 ②控制单元故障	①根据电路图检查导线和接头 ②更换控制单元
00849 点火开关/起动机开关 D上的S触点 未定义的开关位置	①接线柱15正常，S触点故障 ②导线或接头故障	读测量数据组：显示组010显示区1
00912 电动车窗开关FL 驾驶员车门E40 信号错误 对正极短路	①导线或接头故障 ②按钮安装错误；操作时阻塞 ③FL和E40故障	①读测量数据组：显示组编号002显示区1 ②检查按钮 ③检查FL和E40
00913 电动车窗开关FR 驾驶员车门E81 信号错误 对正极短路	①导线或接头故障 ②按钮安装错误；操作时阻塞 ③FR和E81故障	①读测量数据组：显示组编号002显示区2 ②检查按钮 ③检查FR和E81
00914 电动车窗开关RL 驾驶员车门E53 信号错误 对正极短路	①导线或接头故障 ②按钮安装错误；操作时阻塞 ③RL和E53故障	①读测量数据组：显示组编号002显示区3 ②检查按钮 ③检查RL和E53
00915 电动车窗开关RR 驾驶员车门E55 信号错误 对正极短路	①导线或接头故障 ②按钮安装错误；操作时阻塞 ③RR和E55故障	①读测量数据组：显示组编号002显示区4 ②检查按钮 ③检查RR和E55
00928 驾驶员侧中央门锁锁 止单元F220 信号错误 设备安装错误	①导线或接头故障 ②驾驶员车门中央门锁没有电源 ③锁止机构和工作元件阻塞 ④驾驶员侧中央门锁止单元F220故障 ⑤安装了错误的锁止单元	①根据电路图检查导线和接头的电源或电源接头 ②检查驾驶员侧门控单元的电源或电源接头 ③检查锁止单元的机构和工作部件，并进行维修 ④更换驾驶员侧中央门锁止单元F220 ⑤更换锁止单元
00929 副驾驶员侧中央门 锁止单元F221 信号错误	①导线或接头故障 ②车门中央门锁没有电源 ③锁止单元机构和工作部件阻塞 ④副驾驶员侧中央门锁止单元F221故障	①根据电路图检查导线和接头 ②检查到副驾驶员侧门控单元或到车门三接头的电源 ③检查锁止单元部件及工作部件，并进行维修 ④更换副驾驶员侧中央门锁止单元F221
00930 左后中央门锁锁止单 元F222 信号错误	①导线或接头故障 ②左后车门中央门锁没有电源 ③锁止单元机构和工作部件阻塞 ④左后中央门锁止单元F222故障	①根据电路围检查导线和接头 ②检查到左后门控单元或到车门主接头的电源 ③检查锁止单元部件及工作部件，并进行维修 ④更换左后中央门锁链止单元F222
00931 右后侧中央门锁锁止 单元F223 信号错误	①导线或接头故障 ②右后侧车门中央门锁没有电源 ③锁止单元机构和工作部件阻塞 ④右后乘客侧中央门锁锁止单元F223故障	①根据电路图检查导线和接头 ②检查到右后侧门控单元或到车门主接头的电源 ③检查锁止单元部件及工作部件，并进行维修 ④更换右后侧中央门锁止单元F223
00932 驾驶员侧电动车窗电 动机V147 信号错误	①导线或接头故障 ②驾驶员侧车窗没有电源 ③车窗举升机构工作部件阻塞（也可能是车窗在导轨中太紧） ④驾驶员侧电动车窗电动机V147故障	①根据电路图检查导线和接头 ②检查到驾驶员侧门控单元或到车门主接头的电源 ③检查车窗举升机构部件，并进行维修 ④更换驾驶员侧电动车窗电动机V147
00933 副驾驶员侧电动车窗 电动机V148 信号错误	①导线或接头故障 ②前座乘客侧车窗没有电源 ③车窗举升机构工作部件阻塞(也可能是车窗在导轨中太紧) ④副驾驶员侧电动车窗电动机V148故障	①根据电路图检查导线和接头 ②检查到副驾驶员侧门控单元或到车门主接头的电源 ③检查车窗举升机构部件，并进行维修 ④更换副驾驶员侧电动车窗电动机V148

续上表

V.A.G1551打印输出	故障原因	故障排除
00934 左后侧电动车窗电动机V26	①导线或接头故障 ②左后侧车窗没有电源 ③车窗举升机构工作部件阻塞 ④左后侧电动车窗电动机V26故障	①根据电路图检查导线和接头 ②检查到左后侧门控单元或到车门主接头的电瓶 ③检查车窗举升机构部件，并进行维修 ④更换左后侧电动车窗电动机V26
00935 右后侧电动车窗电动机V27	①导线或接头故障 ②右后侧车窗没有电源 ③车窗举升机构工作部件阻塞 ④右后侧电动车窗电动机V27故障	①根据电路图检查导线和接头 ②检查到右后侧门控单元或到车门主接头电源 ③检查车窗举升机构部件，并进行维修 ④更换右后侧电动车窗电动机V27
00936 副驾驶员侧电动车窗开关E107[当按钮向一个方向按下超过5s或同时发出两个信号(开，关)时，作为错误识别] 信号错误 对正极短路	①导线或接头故障 ②按钮安装不正确，操作时黏滞 ③副驾驶员侧电动车窗开关E107故障	①读测量数据组：显示组编号002显示区2 ②检查按钮 ③检查E107
00937 左后电动车窗开关E52 [当按钮向一个方向按下超过5s，或同时发出两个信号(开、关)时，作为错误识别] 信号错误 对正极短路	①导线或接头故障 ②按钮安装不正确，操作时黏滞 ③左后电动车窗开关E52故障	①读测量数据组：显示组编号008显示区1 ②检查按钮 ③检查E52
00938 右后电动车窗开关E54 信号错误 对正极短路	①导线或接头故障 ②按钮安装不正确，操作时黏滞 ③右后电动车窗开关E54故障	①读测量数据组：显示组编号007显示区1 ②检查按钮 ③检查E54
00939 驾驶员后视镜调整电动机V149	①导线或接头故障 ②驾驶员车门没有电源 ③驾驶员后视镜调整电动机V149故障	①根据电路图检查导线和接头 ②检查到驾驶员门控单元或到车门主接头的电源 ③更换驾驶员后视镜调整电动机V149
00940 副驾驶员侧后视镜调整电动机V150	①导线或接头故障 ②副驾驶员侧车门没有电源 ③副驾驶员侧后视镜调整电动机V150故障	①根据电路图检查导线和接头 ②检查到副驾驶员侧门控单元或到车门主接头的电源 ③更换副驾驶员侧后视镜调整电动机V150
00941 驾驶员外部后视镜调整电动机V121	①导线或接头故障 ②驾驶员车门没有电源 ③驾驶员外部后视镜调整电动机V121故障	①根据电路图检查导线和接头 ②检查到驾驶员门控单元或到车门主接头的电源 ③更换驾驶员外部后视镜调整电动机V121
00942 副驾驶员侧外部后视镜调整电动机V122	①导线或接头故障 ②副驾驶员侧车门没有电源 ③副驾驶员侧外部后视镜调整电动机	①根据电路图检查导线和接头 ②检查到副驾驶员侧门控单元或到车门主接头的电源 ③更换副驾驶员侧外部后视镜调整电动机V122
00943 驾驶员侧外部后视镜加热器Z4 00944 副驾驶员侧外部后视镜加热器Z5	①后视镜没有安装 ②导线或接头有故障 ③驾驶员及副驾驶员侧车门没有电源供应	①读测量数据组：显示组010显示区2 ②根据电路图检查导线和接头 ③检查门控单元或车门主接头的电源

续上表

V.A.G1551打印输出	故障原因	故障排除
00945 撞击传感器G190 对搭铁短路	导线或接头故障	根据电路图检查导线和接头,可以使用对安全气囊的执行元件诊断功能来检查输出
00946 内部灯W 对搭铁短路	①导线或接头故障 ②内部灯或一个阅读灯故障	①根据电路图检查导线和接头 ②更换内部灯或损坏的阅读灯
00947 尾门/行李舱盖遥控开关E188 对搭铁短路	①导线或接头故障 ②尾门/行李舱盖遥控开关E188	①根据电路图检查导线和接头 ②更换尾门/行李舱盖遥控开关E188
00948 关闭滑动车顶信号 对正极短路	导线或接头故障	根据电路图检查导线和接头
00949 尾门/行李舱盖中央门锁锁止电动机 未定义的开关位置	①导线或接头故障 ②锁止机构部件阻塞 ③尾门/行李舱盖中央门锁电动机故障	①根据电路图检查导线和接头 ②检查锁止机构部件并进行维修 ③更换损坏的尾门/行李舱盖中央门锁电动机
00950 尾门/行李舱盖中央门锁开锁电动机 未定义的开关位置	①导线或接头故障 ②锁止机构部件阻塞 ③尾门/行李舱盖中央门锁电动机故障	①根据电路图检查导线和接头 ②检查锁止机构部件并进行维修 ③更换损坏的尾门/行李舱盖中央门锁电动机
00951 尾门/行李舱盖释放继电器J398 对正极短路	导线或接头故障	根据电路图检查导线和接头
00952 驾驶员车门开启信号 对正极短路		
00953 内部灯 未定义的开关位置	①内部灯、阅读灯和行李舱等导线或接头故障 ②内部灯故障	①根据电路图检查导线和接头 ②更换内部灯
00955 钥匙1 超过匹配限制	钥匙不匹配,钥匙操作超过200次的系统限制	读测量数据组:显示组013显示区3
00956 钥匙2 超过匹配限制	钥匙不匹配,钥匙操作超过200次的系统限制	读测量数据组;显示组013,显示区3
00957 钥匙3 超过匹配限制		
00958 钥匙4 超过匹配限制		

续上表

V.A.G1551打印输出	故障原因	故障排除
00960 驾驶员中央门锁钥匙开关 信号错误 对搭铁短路 (如果操作超过5min，则记录为故障)	①导线或接头故障 ②锁芯阻塞	①读测量数据组：显示组003，显示区1 ②检查锁芯安装 ③按电路图检查导线和接头
00961 前座乘客中央门锁钥匙开关 信号错误 对搭铁短路		①读测量数据组：显示组006，显示区1 ②、③同上
01030 驾驶员侧中央门锁钥匙按钮(锁止) 信号错误 对搭铁短路		①读测量数据组：显示组编号003，显示区1 ②检查锁芯安装
01031 驾驶员侧中央门锁钥匙按钮(开锁) 信号错误 对搭铁短路	①导线或接头故障 ②锁芯阻塞	①读测量数据组：显示组编号003，显示区1 ②检查锁芯安装
01032 副驾驶员侧中央门锁钥匙按钮(锁止) 信号错误 对搭铁短路		①读测量数据组：显示组编号006，显示区1 ②检查锁芯安装
01033 副驾驶员侧中央门锁钥匙按钮(开锁) 信号错误 对搭铁短路	①导线或接头故障 ②锁芯阻塞	①读测量数据组：显示组编号006，显示区1 ②检查锁芯安装
01034 驾驶员侧电动车窗热保护激活	导线或接头故障，电动车窗黏滞或阻塞，电动车窗电动机黏滞	读测量数据组：显示组编号003M，显示区2
01035 副驾驶员侧电动车窗热保护激活		
01036 左后侧电动车窗热保护激活	导线或接头故障，电动车窗黏滞或阻塞，电动车窗电动机黏滞	读测量数据组：显示组编号008，显示区2
01037 右后侧电动车窗热保护激活		读测量数据组：显示组编号007，显示区2
01038 中央门锁热保护	导线或接头故障，门锁阻塞	读测量数据组：显示组编号014显示区4
01044 控制单元 编码错误	①控制单元没有按照车辆系统正确地安装 ②所供应的控制单元没有经过编程或编程不完全	①更换控制单元 ②通知供应商所出现的问题
01131 转向信号激活 对搭铁短路 断路/对正极短路	①导线或接头故障 ②转向信号灯故障	①根据电路图检查导线和接头 ②更换转向信号灯

续上表

V.A.G1551打印输出	故障原因	故障排除
01134 报警喇叭H12 未定义的开关位置	①导线或接头故障 ②熔断丝故障 ③报警喇叭H12故障	①根据电路图检查导线和接头，执行元件诊断 ②更换熔断丝 ③更换报警喇叭H12
01135 内部监控传感器 电路断路 传感器损坏	①导线或接头故障 ②内部监控传感器未安装 ③内部监控传感器故障	①根据电路图检查导线和接头，读测量数据组显示组编号009显示区4 ②检查安装 ③更换内部监控传感器
01141 行李舱开锁开关E165 信号错误	①导线或接头故障 ②行李舱开锁开关E165	①根据电路图检查导线和接头 ②更换行李舱开锁开关E165
01179 钥匙编码 编码错误	钥匙匹配(功能10)没有正确执行	读测量数据组，显示组013(匹配钥匙的数量将显示)
01328 舒适系统数据总线	①导线或接头故障 ②控制单元故障	①根据电路图检查导线和接头，导线正常，则断开所有的车门电源接头，然后连接，同时观察测量数据组 ②更换导致数据总线阻塞的控制单元，读测量数据组：显示组012显示区1，更换相关的控制单元
01329 舒适系统数据总线处于紧急状态下	导线或接头故障	根据电路图检查导线和接头，若导线正常，则断开所有的车门电源接头，然后连接，同时观察测量数据组；更换导致数据总线阻塞的控制单元，读测量数据组：显示组012显示区1
01330 舒适系统的中央控制单元 故障 没有通信	舒适系统的中央控制单元故障	更换舒适系统中央控制单元，清除故障码，执行功能检查
01331 驾驶员侧门控单元J386故障 没有通信	驾驶员侧门控单元J386故障	更换驾驶员侧门控单元J386，清除故障码，执行功能检查，读测量数据组：显示组012显示区2，检查门控单元是否安装
01332 副驾驶员侧门控单元J387 故障 没有通信	副驾驶员侧门控单元J387故障	更换副驾驶员侧门拉单元J387，清除故障码，执行功能检查，读测量数据组：显示组012显示区2，检查门控单元是否安装
01333 左后车门控单元J388故障 没有通信	左后车门控单元J388故障	更换左后车门控单元J388，清除故障码，执行功能检查，读测量数据组：显示组012显示区3，检查门控单元是否安装
01334 右后车门控单元J389故障 没有通信	右后车门控单元J389故障	更换右后车门控单元J389，清除故障码，执行功能检查，读测量数据组：显示组012显示区3，检查门控单元是否安装
01335 驾驶员座椅/后视镜控制单元(功能：控制单元存储座椅和后视镜的位置并能复位这些位置) 信号错误 无通信	①导线或接头故障 ②座椅记忆控制单元诊断(与车门控单元没有通信)	①根据电路图检查导线和接头，读测量数据组：显示组012显示区4 ②座椅记忆装备了K线，可使用地址码36进行检查

续上表

V.A.G1551打印输出	故障原因	故障排除
01358 驾驶侧内部锁止开关E150 信号错误 对搭铁短路	导线或接头故障	根据电路图检查导线和接头，读测量数据组；显示组001显示区2
01359 副驾驶员侧内部锁止开关E198 信号错误 对搭铁短路	导线或接头故障	根据电路图检查导线和接头，读测量数据组；显示组005显示区2
01362 尾门/行李舱盖开锁开关F124 对搭铁短路 01389 尾门/行李舱盖开锁开关F124 信号错误 对搭铁短路	①导线或接头故障 ②锁工作或锁芯机构部件阻塞	①根据电路图检查导线和接头 ②检查锁的工作部件并进行必要的维修，更换锁芯，读测量数据组；显示组010显示区3

五、中央门锁和电动玻璃升降器不能正常工作原因与解决方法

下面以帕萨特B5 1.8T轿车为例做分析。

故障现象：

帕萨特B5 1.8T轿车中控锁和电动玻璃升降器不能正常工作。点火开关无论开闭，都只有左前门的中控锁和电动玻璃升降器可以正常工作，其他车窗的电动玻璃升降器都不工作；但是如果按动其他门窗上控制该车窗的开关，各个门窗电动玻璃升降器均能正常工作。将车门关闭后，将车钥匙插入左前门的锁孔内，进行开锁和闭锁操作，也只有左前门的门锁能开闭；如果将钥匙在开锁或闭锁位置保持，也只有左前门的电动玻璃升降器可以上下工作。

故障分析：

（1）该轿车的4个车门控制单元和中央舒适系统控制单元之间的信号是通过CAN总线传递的，舒适系统CAN总线通过2根相互绞合的信号线同时传递数据，一根为CAN-H（橙/绿色），一根为CAN-L（橙/棕色）。舒适系统所有的控制单元挂接在2根线路上进行数据交换和信号传递，如图3-41所示。

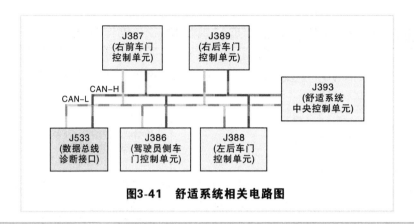

图3-41 舒适系统相关电路图

（2）位于组合仪表中的数据总线诊断接口也和数据总线随时保持通畅，检测总线的工作状态。为了使信号正确有效地传递，2根线是绞在一起的，并且2根线路上所传递的脉冲信号相同，但是电位相反。

（3）如果各个车门控制单元与舒适系统中央控制单元之间CAN无法正常通信，就会导致左前车门控制单元至中控开关的信号无法正常传递到其他3个车门控制单元，并且所有的车门控制单元只能接收直接输入到该控制单元的电动玻璃升降器开关信号。

通过以上分析，初步认定该车的舒适系统有故障。

查找故障原因：

（1）用V.A.S5052车辆诊断仪对舒适系统进行检查，连接好仪器并打开点火开关，进入舒适系统中央控制单元查询故障，仪器屏幕显示故障：与左前门窗控制单元J386没有通信；与右前门窗控制单元J387没有通信；与左后门窗控制单元388没有通信；与右后门窗控制单元J389没有通信；与CAN总线诊断接口J533没有通信；舒适系统数据总线单线运行模式；该控制单元不正确编码。

（2）为查看舒适系统编码值，重新进入舒适系统控制单元，查看该控制单元的版本信息，发现编码为00017，确实不正确。用V.A.S5052对舒适系统进行正确的00259编码，并清除所有故障记录，此时控制单元的不正确编码和CAN总线单线运行模式的故障记录已经清除，但是其他故障仍然无法清除。

（3）检查中央控制单元、各个车门控制单元与数据总线连接情况，通过V.A.S5052进入46-08-012，观察数据组测量值，4组数据用"1"或"0"数值分别代表驾驶员车门、右前车门、左后车门及右后车门控制单元与舒适系统中央控制单元CAN总线的连接状态，此时4组数据均为"0"，说明各个车门控制单元与总线通信有故障。

（4）对地板下舒适系统和有关舒适系统线束进行检查，重点对双绞的CAN总线进行整理。经过检查，没有发现故障点。估计是中央控制单元存在故障。

解决办法：

拆下舒适系统中央控制单元（位于驾驶员侧座位地板下），更换一只新的控制单元。当连接好新的中央控制单元后，打开点火开关，操作中控锁开关和电动玻璃升降器开关，一切正常，故障排除。

思考与练习

1. 舒适CAN总线系统的通信速率一般是多少？它的信号电平是如何确定的？
2. 舒适CAN总线系统与动力CAN总线系统相比较具有哪些区别？
3. 在帕萨特汽车上，舒适CAN总线系统连接了哪些电脑？其优先权顺序是怎样的？
4. 如何检测舒适CAN总线系统的波形？其正常工作波形具有哪些特点？其故障波形有哪些？各具有什么特点？
5. 以一种常见车型为例，说明如何进行舒适CAN总线系统的故障自诊断。

实训工单四

项目名称：舒适CAN总线系统的认识与万用表检测

班　级＿＿＿＿＿＿＿＿　　学　号＿＿＿＿＿＿＿＿　　姓　名＿＿＿＿＿＿＿＿

分组号＿＿＿＿＿＿＿＿　　车　型＿＿＿＿＿＿＿＿　　日　期＿＿＿＿＿＿＿＿

能力目标：

1. 能熟练使用维修手册查阅相关资料。
2. 能说出舒适CAN总线系统的基本组成，并说明其基本工作原理和功能。
3. 能使用万用表对舒适CAN总线系统进行检测。

器材、仪器：

舒适CAN总线系统的实验台架或实验车（每组一台）、万用表（每组一个）、实验车维修手册。实验台架可选用大众CAN总线舒适系统示教板（帕萨特B5）或速腾轿车电气系统教学平台-A（舒适系统）。

任务一：舒适CAN总线系统的认识

1. 通过台架认识该车型舒适CAN总线系统，画出其舒适CAN总线系统的结构原理图。

2. 找出连接在舒适CAN总线系统的每个控制单元，完成下例任务：
（1）控制单元一：单元名称＿＿＿＿＿＿，单元编号＿＿＿＿＿，连接CAN-H的插脚编号是＿＿＿＿，连接CAN-L的插脚编号是＿＿＿＿。

（2）控制单元二：单元名称_____，单元编号_____，连接CAN-H的插脚编号是_____，连接CAN-L的插脚编号是_____。

（3）控制单元三：单元名称_____，单元编号_____，连接CAN-H的插脚编号是_____，连接CAN-L的插脚编号是_____。

（4）控制单元四：单元名称_____，单元编号_____，连接CAN-H的插脚编号是_____，连接CAN-L的插脚编号是_____。

（5）控制单元五：单元名称_____，单元编号_____，连接CAN-H的插脚编号是_____，连接CAN-L的插脚编号是_____。

（6）控制单元六：单元名称_____，单元编号_____，连接CAN-H的插脚编号是_____，连接CAN-L的插脚编号是_____。

（7）在该车型中，承担网关功能的是_____控制单元。

（8）该车型CAN总线采用的导线形式为_____，其规格为_____。CAN-H的颜色标志是_____，CAN-L的颜色标志是_____。舒适CAN总线系统具备的主要功能包括：_____。

任务二：舒适CAN总线系统的万用表检测

1. 电阻检测。

（1）舒适CAN总线系统的电阻检测。

检测对象	检测值	检测条件
CAN-H与CAN-L		
CAN-H与搭铁		
CAN-L与搭铁		
CAN-H与正极		
CAN-L与正极		
CAN-H一端与CAN-H另一端		
CAN-L一端与CAN-L另一端		

（2）如何通过电阻检测来判断舒适CAN总线系统是否存在短路故障？

（3）如何通过电阻检测来判断舒适CAN总线系统是否存在断路故障？

（4）以E40开关为例，检测新型开关各个档位对搭铁的电阻。

检测对象	检测值	检测条件
UP		
AUTO UP		
DOWN		
AUTO DOWN		

2.电压检测。

（1）舒适CAN总线系统的电压检测。

检测对象	检测值	检测条件
CAN-H对搭铁		
CAN-L对搭铁		
CAN-H对CAN-L		

（2）以E40开关为例，检测新型开关各个挡位对搭铁的工作电压。

检测对象	检测值	检测条件
UP		
AUTO UP		
DOWN		
AUTO DOWN		

（3）说明新型开关是如何区分各个档位的？这种方式有何积极意义？

实训工单五

项目名称：舒适CAN总线系统的波形检测

班 级_____ 学 号_____ 姓 名_____

分组号_____ 车 型_____ 日 期_____

> **能力目标：**

1. 能熟练使用维修手册查阅相关资料。
2. 能使用示波器对舒适CAN总线系统进行波形检测。
3. 能读出舒适CAN总线系统波形的数据，并说出各种波形的特点。

> **器材、仪器：**

舒适CAN总线系统的实验台架或实验车（每组一台）、汽车专用示波器或带示波器功能的汽车故障诊断仪（每组一台）、实验车维修手册。实验台架可选用大众CAN总线舒适系统示教板（帕萨特B5）或速腾轿车电气系统教学平台-A（舒适系统）。

> **任务一：检测CAN-H与CAN-L的正常波形**

（1）电压单位值选取为_____，时间单位值选取为_____。

（2）根据检测结果画出CAN-H与CAN-L的正常波形草图（波形均可以为输出打印）。

（3）读取CAN-H与CAN-L正常波形的主要数据，说明其主要特征。

CAN-H的显性电平为_____，隐性电平为_____；CAN-L的显性电平为_____，隐性电平为_____；一个CAN信息帧的时间长度约为_____。

其他主要特征有：

任务二：检测CAN-H与CAN-L的故障波形

1. 检测CAN-H与CAN-L之间短路的信号波形。
（1）根据检测结果画出CAN-H与CAN-L之间短路的信号波形草图。

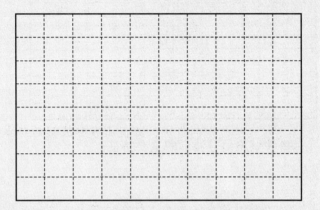

（2）说明CAN-H与CAN-L之间短路信号波形的主要特征。

2. 检测CAN-H对搭铁短路的信号波形。
（1）根据检测结果画出CAN-H对搭铁短路的信号波形草图。

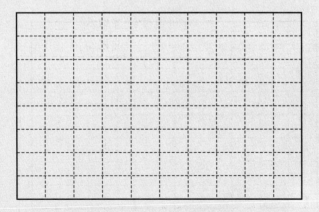

（2）说明CAN-H对搭铁短路信号波形的主要特征。

3. 检测CAN-L对搭铁短路的信号波形。

（1）根据检测结果画出CAN-L对搭铁短路的信号波形草图。

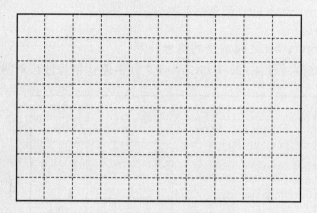

（2）说明CAN-L对搭铁短路信号波形的主要特征。

4. 检测CAN-H对正极短路的信号波形。

（1）根据检测结果画出CAN-H对正极短路的信号波形草图。

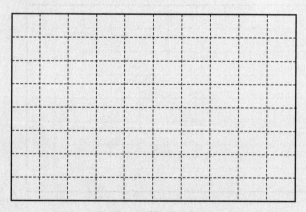

（2）说明CAN-H对正极短路信号波形的主要特征。

5. 检测CAN-L对正极短路的信号波形。

（1）根据检测结果画出CAN-L对正极短路的信号波形草图。

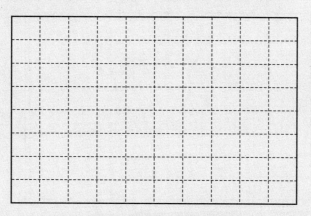

（2）说明CAN-L对正极短路信号波形的主要特征。

6. 检测CAN-H断路的信号波形。

（1）根据检测结果画出CAN-H断路的信号波形草图。

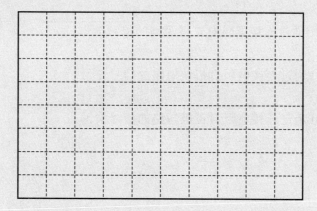

（2）说明CAN-H断路信号波形的主要特征。

7. 检测CAN-L断路的信号波形。
(1) 根据检测结果画出CAN-L断路的信号波形草图。

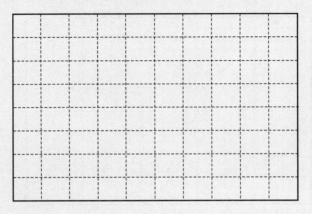

(2) 说明CAN-L断路信号波形的主要特征。

8. 选做下面的部分或全部内容：
(1) 检测CAN-H通过连接电阻对搭铁短路的信号波形。连接电阻可采用电位器模拟。

(2) 检测CAN-H通过连接电阻对正极短路的信号波形。

(3) 检测CAN-L通过连接电阻对搭铁短路的信号波形。

(4) 检测CAN-L通过连接电阻对正极短路的信号波形。

学习任务4　LIN总线系统检测与修复

××××××汽车维修有限公司
维修委托书　　工单号 No：200803512

客户名称：张三	车牌号：×××0088	购车日期：2005年3月6日	联系电话：××××××××××
联系人：张三	车型：POLO劲情1.4L	Vin No.：LTVBA423X50094075	

送修日期：2008年6月2日　　交付日期：2008年6月5日　　行驶里程：108130

报修故障症状描述	玻璃升降器不能正常工作	交接物品	无
提车要求	付款方式：☑现金　□刷卡　□支票　其他：	其他	洗车 是□ 否☑　带走旧件 是☑ 否□

序号	报　修　项　目		
1	修复线束接头		
2			
3			
4			
5			
6			小计：80元

备注	旧件检查	空罐	旧件	维修检查及施工情况详见《维修检查·施工单》
				油量 E 1/4 1/2 3/4 F

全车外观检查
车身如有变形、油漆划痕、玻璃、灯具裂痕等损伤，请在示意图中的方格内标注"√"。

第一联：客户（取车凭证，请注意保管）

维 修 委 托 书 细 则

甲方：（客户）
乙方：××××××汽车维修有限公司
维修细则：
1. 甲方已确认无包括现金在内的贵重物品遗留在车上。
2. 甲方已阅读并理解了本委托书及对应的《维修检查·施工单》上的所有内容，同意按乙方所列的维修项目和价格进行维修，甲方愿意支付相关的维修服务费及零件费。
3. 乙方同意甲方对维修车辆进行维修试车，包括场地试验或路试。
4. 如果甲方同意不带走旧件，乙方可以在甲方提车后对旧件进行处理。
5. 甲方确认并理解乙方已经充分告知的关于车辆检测或维修的相关情况，同时乙方有权采取必要的措施（包括但不限于拆解车辆的机械、电路及发动机等）进行检测或维修。同意乙方在对车辆进行进一步检测或维修时不再另行通知甲方。
6. 如因乙方过失致使维修车辆或部件损坏，乙方赔偿的范围仅限于维修或更换损坏车辆的部件，甲方同意不再提出其他赔偿要求。
7. 甲方应事先备份维修车辆上安装的所有软件或可存储数据信息。无论如何，维修车辆上安装的所有软件或可存储数据信息的损坏或丢失，乙方不作赔偿。
8. 甲方应在乙方通知提取车辆之日起壹个月内提取车辆，逾期不取，乙方有权按政府公布的停车费价格收取保管费用。
本人确认已经清楚理解并接受以上维修细则。

甲方（客户）签名
张三
日期：2008年6月2日

公司地址：××××××
救援热线：××××××　　　服务热线：020-×××××××　　　传真：020-×××××××
开户行：×××××××　　　账号：××××××××　　　乙方代表(接待员)：王先生

一客户送来一辆POLO劲情1.4L轿车，汽车玻璃升降器不能正常工作，要求给予维修。

要完成这个工作任务，首先我们需要知道汽车LIN总线的结构与原理、LIN总线的检修方法。下面就分步来完成本学习任务。

情境　玻璃升降器不能正常工作

一、LIN总线系统的结构与原理

1. LIN的含义

局部连接网络LIN（Local Interconnect Network）是一个汽车底层网络协议。LIN的目标是为现有汽车网络（例如CAN总线）提供辅助功能，因此，LIN总线是一种辅助的串行通信总线网络，多用于不需要CAN总线的带宽和多功能的场合。LIN典型的应用是车上传感器和执行器的联网。按SAE的车上网络等级标准，LIN属于汽车上的A级网络。

LIN诞生的历史比较短，在汽车上的应用还是刚刚起步。从某种意义上来讲，LIN就是CAN的经济版通信网络，其可定位于低于CAN的通信层，其示意图如图4-1所示。

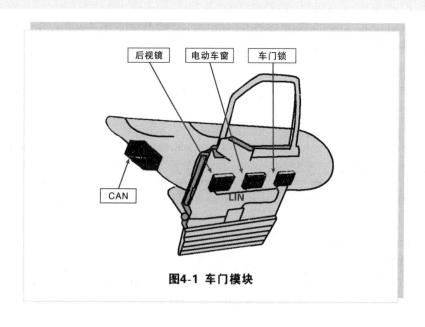

图4-1　车门模块

2. LIN的特点

LIN协议是以广泛应用的SCI（UART）为基础定义的。它支持与这类产品的连接。LIN采用单主/多从带信息标识的广播式信息传输方式，网络节点根据在通信中的地位分为主节点和从节点。从节点的同步不需要固定的时间基准。LIN物理层是根据汽车故障诊断系统标准ISO9141拟定的12V单总线（Single-Wire 12VBus），满足汽车环境的EMC、ESD和抗噪声干扰要求。

LIN总线的传输速率可达20kbps，通常一个LIN网络上节点数目小于12个，共有64个标识符。

LIN系统的特点如下：

（1）单主/多从结构。
（2）基于UART/SCI接口的廉价硬件实现。
（3）从节点无振荡器的自同步功能。
（4）保证延时和信号传输的正确性。
（5）廉价的单总线结构。
（6）数据传输速度20kbit/s。
（7）一帧信息中数据长度为2、4或8B。
（8）系统配置灵活。
（9）带同步的广播式发送/接收方式。
（10）数据累加和校验（Data-Checksum）及错误检测功能。
（11）故障节点的检测功能。
（12）廉价的单片元器件。传送途径（按ISO 9141）为廉价的单线传送方式，最长可达40m。

3. LIN与CAN的比较

在车载网络中，LIN处于低端，与CAN以及其他B级或C级网络比较，它的传输速度低、结构简单、价格低廉；在汽车上，与这些网络是互补的关系。由于汽车产品包括部件和整机，对价格和复杂性非常敏感，在汽车网络系统低端使用LIN会显现其必要性和优越性。

4. LIN的结构

LIN的网络结构如图4-2所示，网络由一个主节点和多个从节点构成，主节点可以执行主任务也可以执行从任务，从节点只能执行从任务。总线上的信息传送由主节点控制。

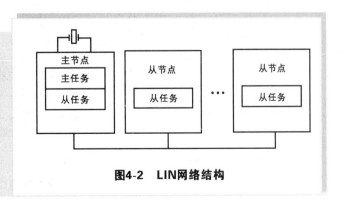

图4-2 LIN网络结构

5. LIN的协议

一个LIN网络由一个主节点,一个或多个从节点组成。该通信任务分为发送任务和接收任务;主节点则有一个主发送任务。一个LIN网络上的通信总是由主节点的主发送任务所发起的,主控制单元发送一个起始报文,该起始报文由同步断点、同步字节、消息标识符所组成。相应地接受并且滤除消息标识符后,一个从任务被激活并且开始本消息的应答传输。该应答由2(或4和8)个字节数据和一个校验码所组成,起始报文和应答部分构成一个完整的报文帧。

LIN系统中可以采用多种方式进行数据交换,主要有以下三种:

(1)由主节点到一个或多个从节点;
(2)由一个从节点到主节点或其他的从节点;
(3)通信信号可以在从节点之间传播,而不经过主节点或者通过主节点广播消息到网络中的所有的从节点。

在LIN系统中,加入新节点时,不需要其他从节点作任何软件或硬件的改动。LIN和CAN一样,传送的信息带有一个标识符,它给出的是这个信息的意义或特征,而不是这个信息传送的地址。LIN系统总线的电气性能对网络结构有很大的影响。网络节点数不仅受标识符长度的限制,而且受总线物理特性的限制。在LIN系统中,建议节点数不要超过16个,否则网络阻抗降低,在最坏工作情况下会发生通信故障。LIN系统每增加一个节点大约使网络阻抗降低3%。

每个节点与总线的接口如图4-3所示。电源与LIN总线间二极管的作用是:当U_{BAT}为低时(本地节点断电或断路等)防止LIN总线驱动节点的电源线(这将大大增加总线负载)。

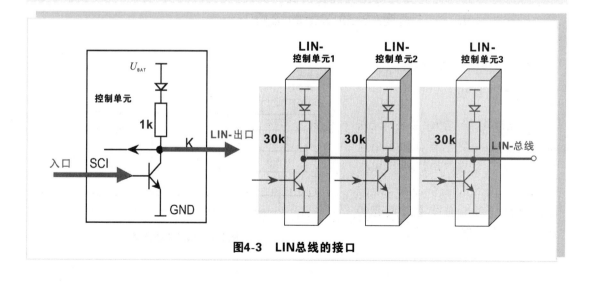

图4-3 LIN总线的接口

在示波器上看到的LIN网络线路电压记录如图4-4所示。

LIN系统支持休眠工作模式。当主节点向网络上发送一个休眠命令时，所有节点进入休眠状态，直到被唤醒之前总线上不会有任何活动。这时总线处于隐性状态，节点没有内部活动，驱动器处于接收状态。

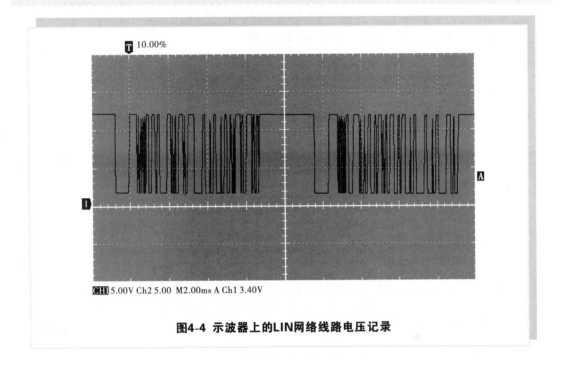

图4-4 示波器上的LIN网络线路电压记录

二、LIN总线在汽车上的运用

（一）LIN总线在奥迪A6L轿车上的运用

1. 奥迪A6L轿车LIN线

在奥迪A6L上，车上各个LIN总线系统之间的数据交换是由控制单元通过CAN数据总线实现的。

LIN总线系统是单线式总线，底色是紫色，有标志色，该线的横截面面积为$0.35mm^2$，无需屏蔽。该系统可让一个LIN主控制单元与最多16个LIN从控制单元进行数据交换。A6L轿车LIN总线组成示意图如图4-5所示（彩图见彩插）。

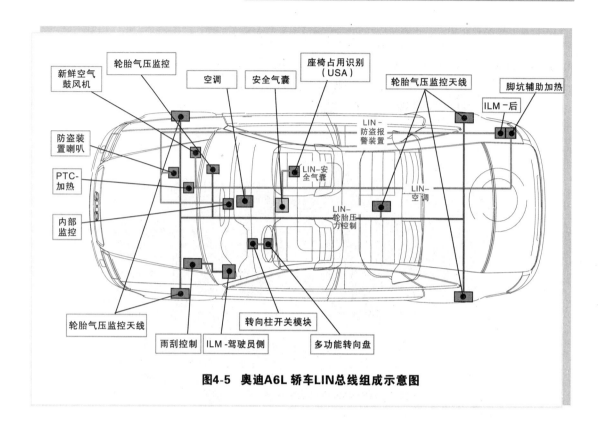

图4-5 奥迪A6L轿车LIN总线组成示意图

2. LIN总线主控制单元

LIN总线主控制单元连接在CAN数据总线上,它执行LIN的主功能。其作用有:
(1) LIN总线主控单元监控数据传递及其速率,发送信息标题;
(2) 主控制单元的软件内已设定了一个周期,这个周期用于决定何时将哪些信息发送到LIN数据总线上多少次;
(3) 该控制单元在LIN数据总线与CAN总线之间起沟通作用,它是LIN总线系统中唯一与CAN数据总线相连的控制单元;
(4) 通过LIN主控制单元进行与之相连的LIN从控制单元的自诊断。

奥迪A6L轿车LIN总线内部组成示意图如图4-6所示。其中有两个主控制单元,一个用于空调控制,另一个用于前部车顶模块。

风窗玻璃加热器、新鲜空气鼓风机和两个辅助加热器是空调控制单元中的从控制单元;太阳车顶电动机是车顶模块中的从控制单元。

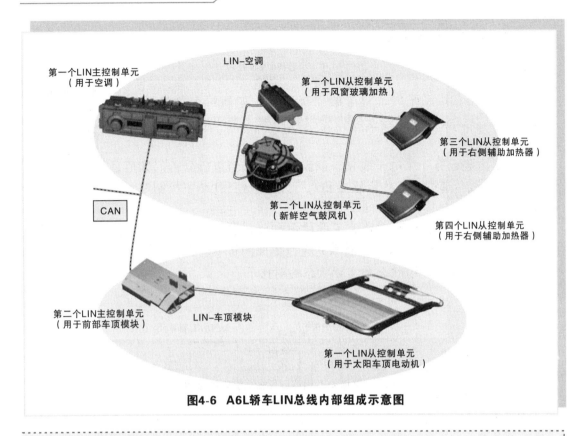

图4-6 A6L轿车LIN总线内部组成示意图

每个LIN总线最多可以连接16个从控制器,从控制器主要是接收或传送与主控制器的查询或指定有关的数据,图4-7为奥迪A6L轿车CAN、LIN总线与从控制器示意图。

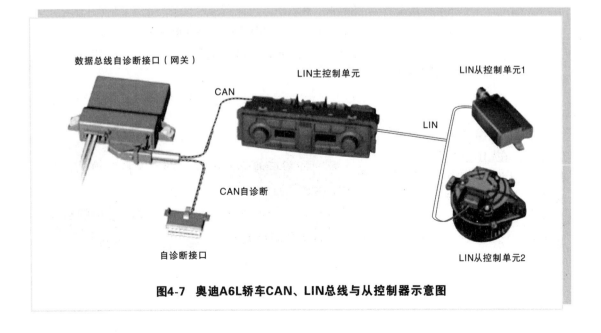

图4-7 奥迪A6L轿车CAN、LIN总线与从控制器示意图

3. LIN总线从控制单元

在LIN数据总线系统内,单个的控制单元(如新鲜空气鼓风机的)或传感器及执行元件(如水平传感器及防盗警报蜂鸣器)都可看作LIN从控制单元,如图4-8所示。

传感器内集成有一个电子装置,该装置对测量值进行分析。数值是作为数字信号通过LIN总线传递的。有些传感器和执行元件只使用LIN主控制单元插口上的一个针脚。

LIN执行元件都是智能型的电子或机电部件,这些部件通过LIN主控制单元的LIN数字信号接受任务。LIN主控制单元通过集成的传感器来获知执行元件的实际状态,然后就可以进行规定状态和实际状态的对比了。

注意: 只有当LIN主控单元发送出标题后,传感器和执行元件才会反应。

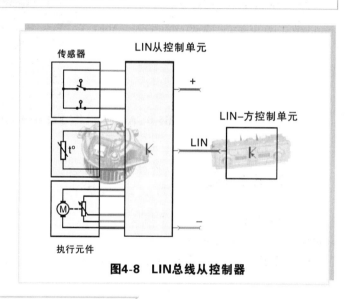

图4-8 LIN总线从控制器

4. LIN总线系统的数据传递与波形分析

数据传递速率为1~20kbps,在LIN控制单元的软件内已设定完毕,该速率最大能达到舒适CAN数据传递速率的五分之一,如图4-9所示。

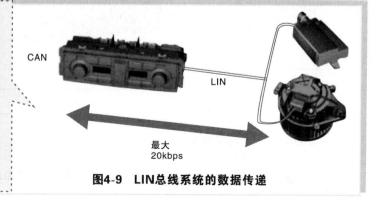

图4-9 LIN总线系统的数据传递

1）信号

信号波形如图4-10（彩图见彩插）所示。

（1）隐性电平：如果无信息发送到LIN数据总线上或者发送到LIN数据总线上的是一个隐性位，那么数据总线导线上的电压就是蓄电池电压。

（2）显性电平：为了将显性位传到LIN数据总线上，发送控制单元内的收发报机数据总线导线搭铁。

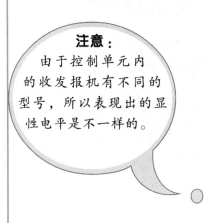

注意： 由于控制单元内的收发报机有不同的型号，所以表现出的显性电平是不一样的。

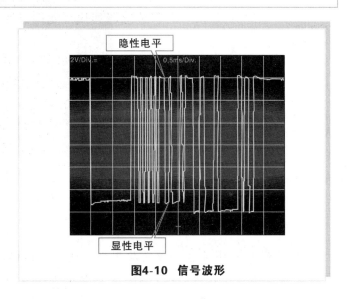

图4-10　信号波形

2）传递安全性

在隐性电平和显性电平的收发时，通过预先设定公差来保证数据传输的稳定性，如图4-11（彩图见彩插）所示。为了能在有干扰辐射的情况下仍能收到有效的信号，接收的允许电压范围要宽一些，如图4-12（彩图见彩插）所示。

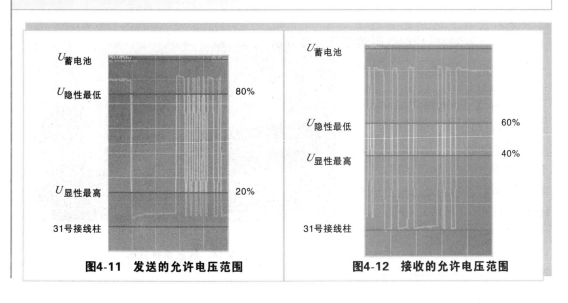

图4-11　发送的允许电压范围　　　　图4-12　接收的允许电压范围

3）信息

信息波形如图4-13（彩图见彩插）所示。

（1）带有从控制单元回应的信息：LIN主控制单元要求LIN从控制单元发送的信息标题内包含这样一些信息，如开关状态或测量值。该回应由LIN从控制单元来发送。

（2）带有主控制单元命令的信息：LIN主控制单元通过标题内的标志符要求LIN从控制单元使用包含在回应内的数据。该回应由LIN主控制单元来发送。

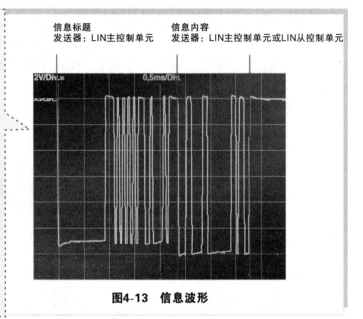

图4-13 信息波形

4）信息标题

信息标题由LIN主控制单元按周期发送，信息标题分为四部分：同步暂停区、同步分界区、同步区、识别区，如图4-14所示（彩图见彩插）。

（1）同步暂停区：同步暂停区的长度至少为13位（二进制的），它以显性电平发送。这样才能准确地通知所有的LIN从控制单元有关信息的起始点的情况。其他的信息是以最长为9位（二进制的）显性电平来一个接一个传递的。

（2）同步分界区：至少为一位（二进制的）长，且为隐性。

（3）同步区：由0101010101这个二进制位序构成，所有的LIN从控制单元通过这个二进制位序来与LIN主控制单元进行匹配（同步）。所有控制单元同步对于保证正确的数据交换是非常必要的。如果失去了同步性，那么按收到的信息中的

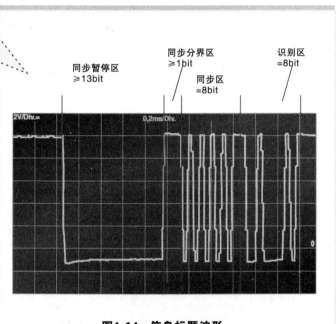

图4-14 信息标题波形

某一数位值就会发生错误,该错误会导致数据传递错误。

(4)识别区:识别区的长度为8位(二进制的),头6位是回应信息识别码和数据区的个数。回应数据区的个数在0~8之间。后两位是校验位,用于检查数据传递是否有错误。当出现识别码传递错误时,校验可防止与错误的信息适配。

5)信息内容(回应)

对于带有从控制单元回应的信息,LIN从控制单元会根据识别码给这个回应提供信息,如图4-15所示。

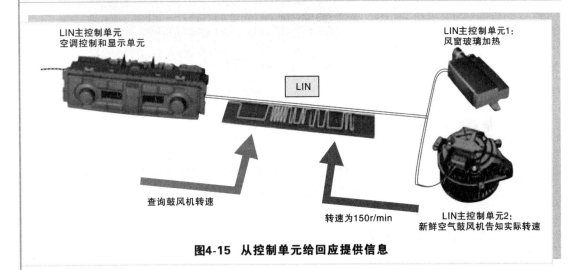

图4-15 从控制单元给回应提供信息

对于主控制单元带有数据请求的信息,LIN主控制单元会提供回应。根据识别码的情况,相应的LIN从控制单元会使用这些数据去执行各种功能,如图4-16所示。

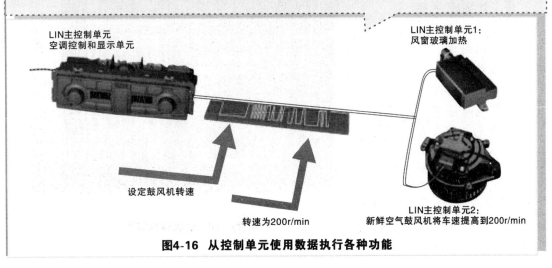

图4-16 从控制单元使用数据执行各种功能

这个回应由1~8个数据区构成，每个数据区是10个二进制位，其中一位是显性起始位，一个是包含信息的字节和一个隐性停止位。起始位和停止位是用于再同步，从而避免传递错误的。波形如图4-17（彩图见彩插）所示。

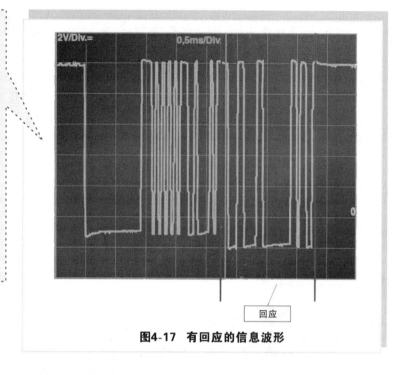

图4-17 有回应的信息波形

6）信息的顺序

LIN主控制单元的软件内已设定了一个顺序，LIN主控制单元就按这个顺序将信息标题发送至LIN总线上（如是主信息，发送的是回应）。常用的信息会多次传递。

LIN主控制单元的环境条件可能会改变信息的顺序。如：点火开关接通/关闭；自诊断已激活/未激活；停车灯接通/关闭。

为了减少LIN主控制单元部件的种类，主控制单元将装备车控制单元的信息标题发送到LIN总线上。如果没有安装专用设备控制单元，那么在示波器屏幕会出现没有回应的信息标题。但这并不影响系统的功能，如图4-18（彩图见彩插）所示。

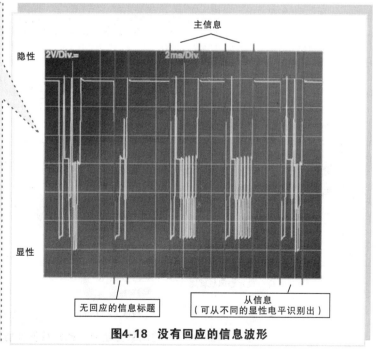

图4-18 没有回应的信息波形

5. A6L防盗系统中的LIN总线系统

奥迪A6L防盗系统中的LIN总线系统如图4-19所示。只有当LIN主控制单元发送出带有相应识别码的信息标题后,数据才会传到LIN总线。由于LIN主控制单元对所有信息进行全面监控,所以能够对车外的LIN导线进行控制。LIN从控制单元只能回应,这样就不会通过LIN总线而打开车门了。这种布置就使得在车外安装LIN从控制单元(如在前保险杠内的车库门开启控制单元)成为可能。

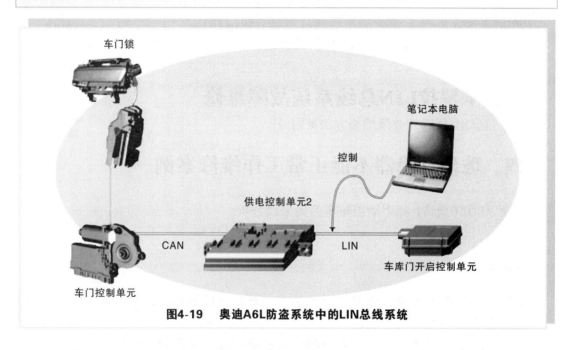

图4-19 奥迪A6L防盗系统中的LIN总线系统

(二)LIN总线在丰田卡罗拉轿车上的运用

在卡罗拉轿车上,多路通信系统(LIN)用来控制车身系统ECU之间的通信,主要包括车门系统LIN通信系统、认证系统LIN通信系统、空调LIN通信系统。各系统图如图4-20~图4-22所示。

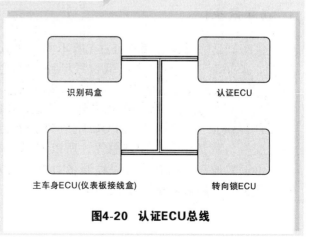

图4-20 认证ECU总线

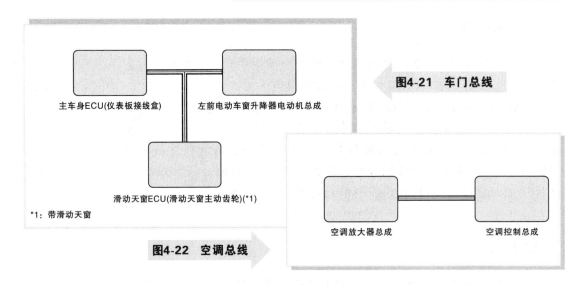

图4-21 车门总线

图4-22 空调总线

三、卡罗拉LIN总线系统故障维修

卡罗拉LIN总线系统故障维修方法见附录B。

四、玻璃升降器不能正常工作维修案例

下面以POLO劲情1.4L手动挡轿车为例来做分析。

故障现象：

一辆2006年产POLO劲情1.4L手动挡轿车，玻璃升降器不能正常工作。用左前门上的玻璃升降器组合开关不能控制其他3个车门玻璃，但是各个车门上的玻璃升降器开关却可以控制玻璃的升降。客户反映，此故障曾在几家修理厂检修过，都没能解决问题。

故障分析：

该车舒适系统与老款POLO有所不同。老款POLO的舒适系统采用CAN总线双线连接，如果有一根高位线或低位线断路，不会影响整个舒适系统的工作。而新款POLO舒适系统内部通讯用的是LIN总线单线连接，如果LIN总线断路，舒适系统的控制信号将会受到影响。除此之外，新老POLO各个车门的控制单元都是共用一个熔断丝提供正极电源。新款POLO各个车门相互之间及与舒适系统控制单元之间的信息交换，就是靠LIN-BUS总线，所以该车故障可能就出现在这条线路上面。

由于其他车门的开关可以控制各自玻璃的升降，说明电源没问题，故障应该出在总开关、线路或舒适系统控制单元上。

查找故障原因：

用万用表测量线路，发现驾驶员侧车门控制单元与其他车门控制单元和舒适系统控制单元之间的LIN总线不通，测量电阻值为无穷大。而舒适系统及其他3个车门之间的LIN总线正常，看来故障就在这条通信线路上面。

顺着线路的布置方向检查，在左前车门与A柱连接插头处发现插头已经严重锈蚀。原来该车曾经安装过防盗报警器，把插头上的防尘罩给破坏了，造成密封不良。由于雨水或洗车等原因导致此处插头进水，时间长了产生氧化现象，造成左前门控制单元与舒适系统其他控制单元之间的通信中断。

解决办法：

更换线束或者用专用的线束修理工具把损坏的接头修复。

思考与练习

1. LIN总线具有哪些特点？
2. 试将LIN总线与CAN总线进行比较。
3. LIN总线的主控制单元和从控制单元各有何功能？
4. 说明LIN总线的信息帧的构成。其信息传送方式有哪几种？
5. LIN总线如何保证数据传输的安全性？

实训工单六

项目名称：LIN总线系统的认识与检测

班　级　_____　　学　号　_____　　姓　名　_____

分组号　_____　　车　型　_____　　日　期　_____

能力目标：

1. 能熟练使用维修手册查阅相关资料。
2. 能说出LIN总线系统的基本组成、主要特点及其与CAN总线的关系。
3. 能使用万用表、示波器对LIN总线系统进行检测。

器材、仪器：

LIN总线系统的实验台架或实验车（每组一台）、万用表（每组一个）、实验车维修手册。实验台架可选用速腾轿车电气系统教学平台-A（舒适系统）。

任务一：LIN总线系统的认识

1. 在台架上连接该车型舒适总线系统，画出其总线系统的结构原理图。

2. 找出连接在LIN总线系统的每个控制单元，完成下列任务：
（1）LIN总线系统一：主控制单元名称为_____，单元编号为____，连接LIN总线的插脚编号是____；从控制单元名称为_____，单元编号为____，连接LIN总线的插脚编号是____。

（2）LIN总线系统二：主控制单元名称为_____，单元编号为____，连接LIN总线的插脚编号是____；从控制单元名称为_____，单元编号为____，连接LIN总线的插脚编号是____。

（3）在该车型中，承担网关功能的是____控制单元，单元编号为____。

（4）该车型CAN总线采用的导线形式为____，其规格为____。LIN总线采用的导线形式为____，其规格为____，颜色标志是____。

任务二：LIN总线系统的万用表检测

1. 电阻检测。

（1）LIN总线系统的电阻检测。

检测对象	检测值	检测条件
LIN总线与搭铁		
LIN总线与正极		
LIN总线一端与LIN总线另一端		

（2）如何通过电阻检测来判断LIN总线系统是否存在短路故障？

（3）如何通过电阻检测来判断LIN总线系统是否存在断路故障？

2.电压检测。

检测LIN总线系统的电压,并与CAN总线的电压进行比较。

检测对象	检测值	检测条件
LIN对搭铁		
CAN-H对搭铁		
CAN-L对搭铁		

任务三：检测LIN总线的工作波形

1.LIN总线的正常工作波形检测。

（1）电压单位值选取为_____,时间单位值选取为_____。

（2）根据检测结果画出LIN的正常波形草图（波形可以为输出打印）。

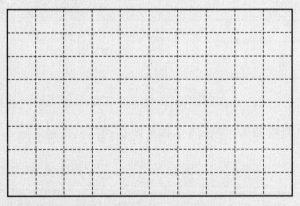

（3）读取LIN总线正常波形的主要数据,说明其主要特征。

LIN总线的显性电平为_____,隐性电平为_____,一个LIN信息帧的时间长度约为_____。

2.LIN总线通过$R \leqslant 200\Omega$电阻对正极短路的波形检测。

（1）根据检测结果画出LIN的正常波形草图。

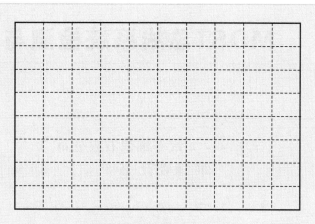

（2）在上图中可以看出，LIN总线的显性电压最低值为____，这____（属于/超过）信号电平允许范围。通过操作可验证，此时LIN总线____（能够/不能）正常工作。

3. LIN总线通过$R \geqslant 300\Omega$电阻对正极短路的波形检测。

（1）根据检测结果画出LIN的正常波形草图。

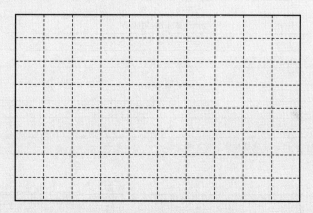

（2）在上图中可以看出，LIN总线的显性电压最低值为_____，最高值为_____，这_____（属于/超过）信号电平允许范围。通过操作可验证，此时LIN总线____（能够/不能）正常工作。

学习任务5 MOST总线系统检测与修复

××××××汽车维修有限公司
维修委托书

工单号 No: 200803512

客户名称: 张三	车牌号: ×××0088	购车日期: 2005 年 3 月 6 日	联系电话: ××××××××××
联系人: 张三	车型: 奥迪A6L	Vin No.: ××××××××××××××××	
送修日期: 2008 年 6 月 2 日	交付日期: 2008 年 6 月 5 日	行驶里程: 1 0 8 1 3 0	

故障报修症状描述	一汽奥迪A6L 3.0轿车，充好电后只要关闭点火开关一段时间，多媒体交互（MMI）系统再打开时就无法工作	交接物品	无
提车要求	付款方式: ☑现金 □刷卡 □支票 其他:	其他	洗车 是☑ 否□ 带走旧件 是☑ 否□

序号	报 修 项 目
1	更换前部信息控制单元
2	
3	
4	
5	
6	
	小计: 元

备注	维修检查及施工情况详细见《维修检查·施工单》
	旧件检查	空罐		旧件		油量 E 1/4 1/2 3/4 F

全车外观检查
车身如有变形、油漆划痕、玻璃、灯具裂痕等损伤，请在示意图中的方格内标注"√"。

维修委托书细则

甲方：（客户）
乙方：××××××汽车维修有限公司
维修细则：
1. 甲方已确认无包括现金在内的贵重物品遗留在车上。
2. 甲方已阅读并理解了本委托书及对应的《维修检查·施工单》上的所有内容，同意按乙方所列的维修项目和价格进行维修，甲方愿意支付相关的维修服务费及零件费。
3. 乙方同意甲方对维修车辆进行维修试车，包括场地试验或路试。
4. 如果甲方同意不带走旧件，乙方可以在甲方提车后对旧件进行处理。
5. 甲方确认并理解乙方已经充分告知的关于车辆检测或维修的相关情况，同时乙方有权采取必要的措施（包括但不限于拆解车辆的机械、电路及发动机等）进行检测或维修。同意乙方在对车辆进行进一步检测或维修时不再另行通知甲方。
6. 如因乙方过失致使维修车辆或部件损坏，乙方赔偿的范围仅限于维修或更换损坏车辆的部件，甲方同意不再提出其他赔偿要求。
7. 甲方应事先备份维修车辆上安装的所有软件或可存储数据信息。无论如何，维修车辆上安装的所有软件或可存储数据信息的损坏或丢失，乙方不作赔偿。
8. 甲方应在乙方通知提取车辆之日起壹个月内提取车辆，逾期不取，乙方有权按政府公布的停车费价格收取保管费用。
本人确认已经清楚理解并接受以上维修细则。

甲方（客户）签名
张三
日期：2008年6月2日

公司地址：××××××
救援热线：×××××××××× 服务热线：020-×××××××× 传真：020-××××××××
开户行：××××××× 账号：××××××××××××× 乙方代表(接待员)：王先生

第一联：客户（取车凭证，请注意保管）

一客户送来一辆奥迪A6L轿车,该汽车多媒体交互系统无法工作,要求给予维修。

要完成这个工作任务,我们首先需要知道汽车MOST总线的结构与原理、检修MOST总线的各种方法、MOST导线的维修方法。下面就分步来完成本学习任务。

情境 多媒体交互系统无法工作

一、MOST总线系统的结构与原理

MOST(Media Oriented Systems Transport)总线,是一种基于多媒体数据传输的网络系统。MOST采用塑料光缆(POF)作为传输介质,可将音响设备、电视、全球定位系统及电话等设备相互连接起来,给用户带来了极大的便利。

MOST网络可以不需要额外的主控计算机系统,结构灵活、性能可靠且易于扩展。MOST网络采用光纤作为物理层的传输介质,可以连接视听设备、通信设备以及信息服务设备。MOST网络支持"即插即用"方式,在网络上可以随时添加和去除设备。

● MOST具有以下基本特征:

(1)在保证低成本的条件下,可达到24.8Mbps的数据传输速度;
(2)无论是否有主控计算机都可以工作;
(3)使用POF优化信息传送质量;
(4)支持声音和压缩图像的实时处理;
(5)支持数据的同步和异步传输;
(6)发送/接收器嵌有虚拟网络管理系统;
(7)支持多种网络连接方式;
(8)提供MOST设备标准;
(9)方便简洁的应用系统界面。

通过采用MOST,不仅可以减少连接各部件的线束的数量、降低噪声,而且可以减轻系统开发技术人员的负担,最终在用户处实现各种设备的集中控制。

(一)MOST的数据类型

MOST利用一个低价的光纤网络传输以下3种数据,如图5-1所示。

（1）同步数据：实时传送音频信号、视频信号等流动型数据；
（2）异步数据：传送访问网络及访问数据库等的数据包；
（3）控制数据：传送控制报文及控制整个网络的数据。

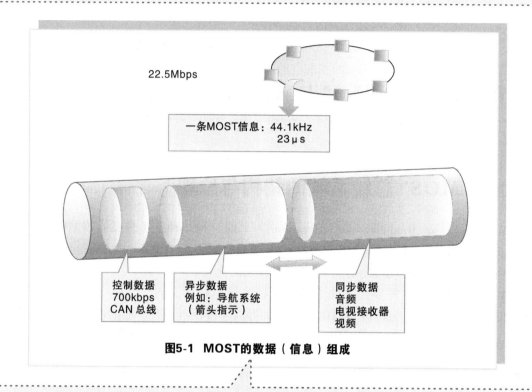

图5-1 MOST的数据（信息）组成

MOST是基于数字电话交换机等使用的"帧同步传送"技术的，因此，通过简单的硬件就可以实现流动型数据的同步传送，只会产生完全可以预测到的最小限度的滞后。而与此相比，其他的网络协议对流动型数据的处理较为烦琐，在数据的滞后方面还存在问题。

从拓扑方式来看，它基本上为一个环状拓扑。这种拓扑的优点是：在增加节点时，不需要手柄及开关，而且媒体（光纤）没有集中在某特定装置的附近，可以节省光纤。此外，MOST一个优点是：光纤网络不会受到电磁辐射干扰与搭铁环的影响。

MOST利用一根光纤，最多可以同时传送15个频道的CD质量的非压缩音频数据。在一个局域网上，最多可以连接64个节点（装置）。

（二）MOST基本结构

1. MOST节点结构

MOST标准的节点结构模型如图5-2所示。MOST网络可以连接基于不同内部结构和内部实现技术的节点。它的拓扑结构可以是环行网或星形网。MOST网络上的设备分享不同的同步和异步数据传输通道，不同类型的数据具有不同的访问机制。

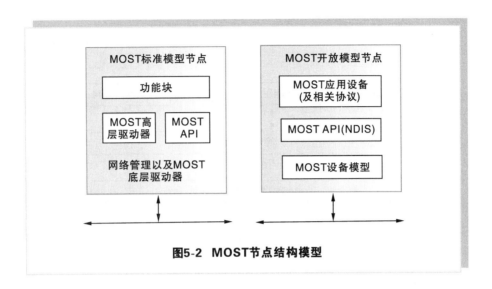

图5-2　MOST节点结构模型

MOST网络有集中管理和非集中管理两种管理模式。集中管理模式中，管理功能由网络上的一个节点实施；当其他节点需要这些服务时，必须向这个节点申请。非集中管理模式中，网络管理分布在网络上的节点中，不需要这种中心管理。

一个MOST网络系统由以下三个方面决定：

（1）MOST连接机制；

（2）MOST系统服务；

（3）MOST设备。

MOST网络启动时，为每一个网上设备分配一个地址；数据传输时，通过同步位流实现各节点的同步。

2.MOST设备

连接到MOST上的任何应用层部分都是MOST设备。由于MOST设备是建立在MOST系统服务层上的，它可以应用MOST网络提供的信息访问功能以及位流传送的同步频道和数据报文异步传送功能。它也可以向系统申请用于实时数据传送的带宽，同时还可以以报文形式访问网络和发送/接收控制数据。MOST网络中，在网络管理系统的控制下，这些设备可以协同工作，它们之间可以同时传送数据流、控制信息和数据报文。

如图5-3所示，逻辑上一个MOST设备包括节点应用功能块、网络服务接口、发送/接收器以及物理层接口。一个MOST设备可以有多个功能块，如使用CD，需要有"播放"、"停止"以及"设置播放时间"等功能。这些功能，对于MOST设备来说外部是可访问的。

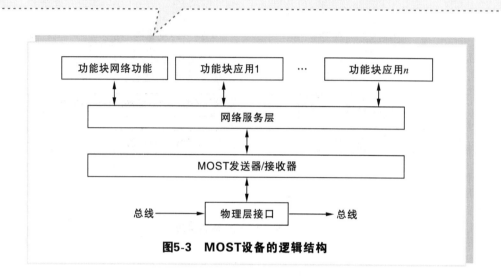

图5-3　MOST设备的逻辑结构

典型MOST设备的硬件结构如图5-4所示。其中RX表示输入信号，TX表示发送信号，Ctrl表示控制信号。在一些简单的设备中，可以没有微控制器部分，由MOST功能模块MOST发送/接收器直接把应用系统连到网络上。

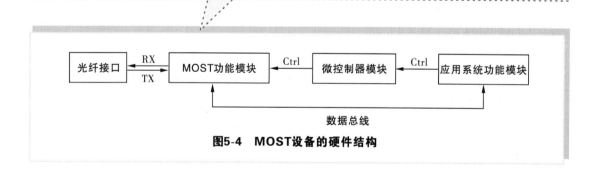

图5-4　MOST设备的硬件结构

二、MOST在奥迪A6L汽车上的应用

在奥迪A6L上，MOST用于很多信息及娱乐多媒体服务，如图5-5所示。图5-6为奥迪A6L轿车MOST组成示意图。

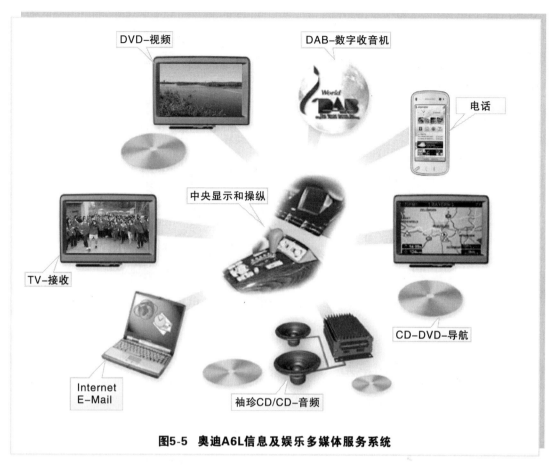

图5-5 奥迪A6L信息及娱乐多媒体服务系统

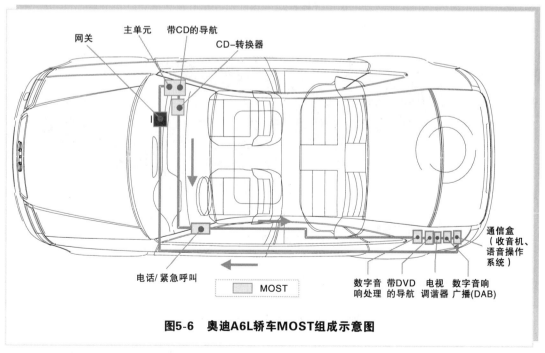

图5-6 奥迪A6L轿车MOST组成示意图

MOST总线允许的传送率可达21.2Mbps，比CAN总线系统的传送率高（CAN的最高数据传送率为1Mbps），而立体声的数字式电视信号需要约6Mbps的传送率。因此，只能用CAN总线系统来传送控制信号，如图5-7所示。光学MOST总线可以在相关的部件之间以数字的形式交换数据。MOST总线除了使用较少导线和重量较轻之外，光波传送具有极高的数据传送率和高级别的抗干扰性能。

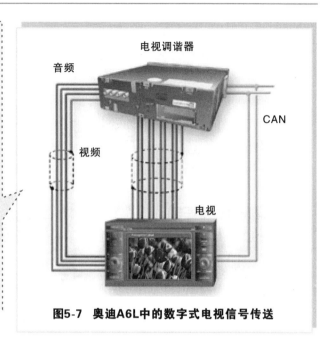

图5-7 奥迪A6L中的数字式电视信号传送

（一）MOST的控制单元

其结构如图5-8（彩图见彩插）所示。

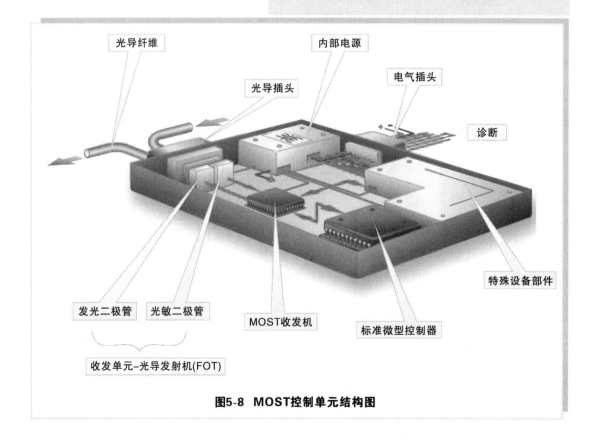

图5-8 MOST控制单元结构图

（二）MOST总线中控制单元的部件

1. 光导纤维和光导插头

如图5-9所示，通过这个插头，光信号进入控制单元或产生的光信号被传送到下一个总线用户。

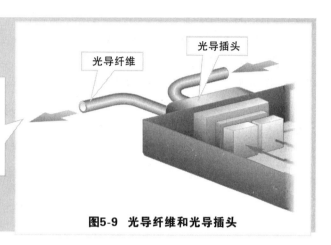

图5-9 光导纤维和光导插头

2. 电气插头

这个插头连接电源、环状故障诊断和输入与输出信号。

3. 内部电源

内部电源系统把通过电气插头供给控制单元的电源分配给各个部件。这一方式可以临时断开供给控制单元中个别部件的电源，从而减小闭路电流。

4. 收发单元——光导发射机（FOT）

光导发射机的核心部件是一个光电二极管和一个发光二极管。射入的光信号被光电二极管转换成电压信号，之后电压信号传送至MOST发射接收机。发光二极管的作用是把MOST发射接收机的电压信号转换成光信号，产生的光波波长为650nm，是可见红光。数据通过光波调制传送。调制后的光由光导纤维传到下一个控制单元。

光电二极管能够把光波转换成为电压信号。汽车领域中实际应用的光电器件结构如图5-10所示。光电二极管内有一个P-N结，光可以照射到这个P-N结上。

如果光或红外线辐射照到P-N结上，就会产生自由电子和空穴，从而形成一个穿越P-N结的电流，也就是说：作用到光电二极管上的光越强，流过光电二极管的电流就越大，这个过程称为光电效应。

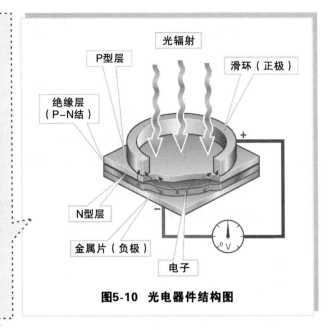

图5-10 光电器件结构图

在反方向上，光敏二极管与一个电阻器串联。如果由于照射光强度增大，流过光电二极管的电流增大，那么电阻上的压降也就增大了，于是光信号就被转换成电压信号了，如图5-11所示。

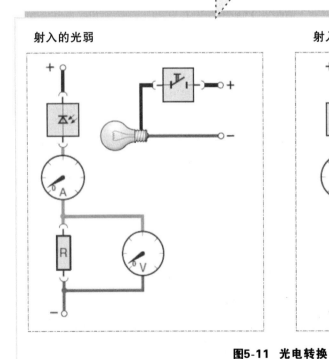 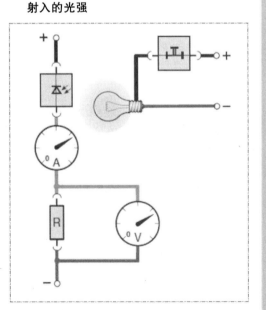

图5-11 光电转换

5. MOST发射接收机

MOST发射接收机由发射机和接收机两个部件组成。发射机把要发送的信息作为电压信号传至光导发射机，而接收机接收来自发射机的电压信号，并把所需的数据传送至控制单元的"标准微型控制器（CPU）"。来自其他控制单元的无用信息由发射接收机传送，而不是将数据传到CPU上，这些信息被发至下一个控制单元。

6. 标准微型控制器（CPU）

标准微型控制器（CPU）是控制单元的核心元件，它的内部有一个微处理器，用于操纵控制单元的所有基本功能。

7. 专用部件

这些部件用于控制某些专用功能，例如CD播放机和收音机调谐器。

8. 光导纤维（POF）

光导纤维的任务是将在某一控制单元发射机内产生的光波传送到另一控制单元的接收器，如图5-12所示。

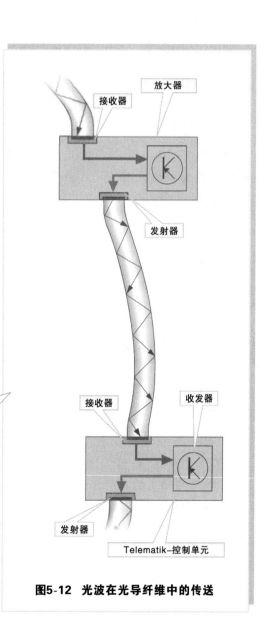

图5-12 光波在光导纤维中的传送

1）光导纤维的结构

光导纤维由几层材料组成，如图5-13（彩图见彩插）所示。

纤芯是光导纤维的中心部分，是用有机玻璃制成的。纤芯内的光根据全反射原理几乎可以无损失地传导。

透光的涂层是由氟聚合物制成，它包在纤芯周围，对全反射起关键作用。

黑色包层由尼龙制成，用于防止外部光照射。彩色包层具有识别、保护及隔温作用。

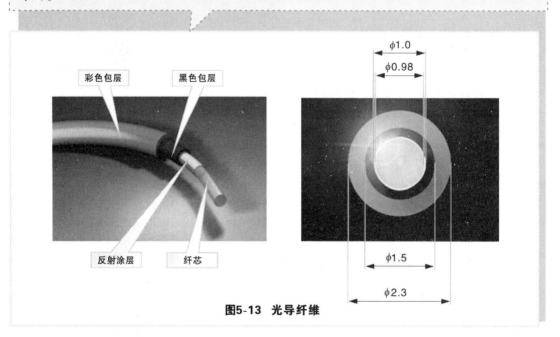

图5-13 光导纤维

2）光导纤维中光波的传送

（1）直的光导纤维。

光导纤维以直线方式在内芯线中传导部分光波，如图5-14（彩图见彩插）所示。

大多数光波被以"之"字形图案传送，其结果在内芯线的表面产生了全反射。

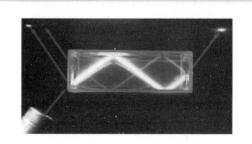

图5-14 光波的直线传送

（2）弯曲的光导纤维。

发生在内芯线覆盖层边缘的全反射使得光波被反射,从而被传导通过弯曲处,如图5-15(彩图见彩插)所示。

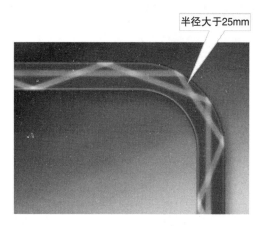

图5-15 光波在弯曲光导纤维中的传导

（3）全反射。

如果一束光线以较小的角度射在折射率分别较高和较低材料之间的边界层上,光束就会被完全地反射,也就是说发生了全反射。

在一根光导纤维中,内芯线的折射率比它的覆盖层高,因此内芯线的内部会发生全反射。这一作用取决于从内部射到边界的光波的角度。如果这个角度太陡峭,光波就会折射出内芯线,并产生很高的损耗。如果光导纤维被过度弯曲或扭绞,就会发生这种情况,如图5-16(彩图见彩插)所示。故光导纤维的弯曲半径必须大于25mm。

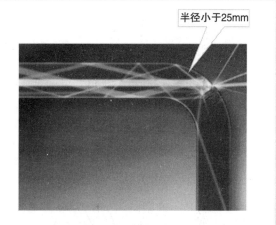

图5-16 光波在过度弯曲的光导纤维中的传导

9. 插头

为了能将光导纤维连接到控制单元上,使用了一种专用插头。插座接头上有一个信号方向箭头(图5-17、图5-18),它表示输入方向(通向接收器),插头壳体与控制单元连接。通过内核的正面实现了光线到控制单元内发射机/接收器的传输。在生产光纤导线时,为了在插头外壳上固定光纤导线,就要在光纤导线尾端利用激光技术焊上塑料套管或者在尾端卡上黄铜质地的套管。

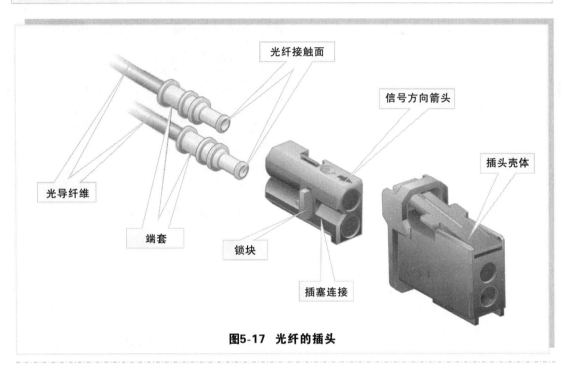

图5-17 光纤的插头

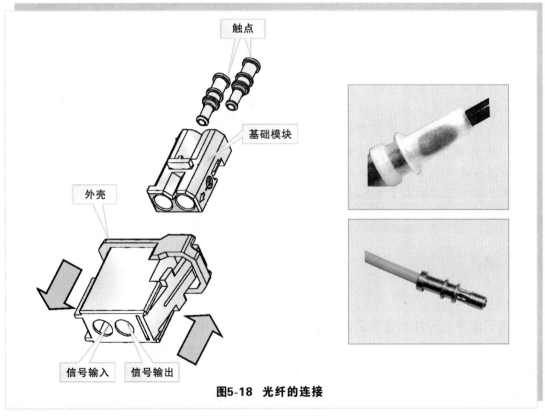

图5-18 光纤的连接

为了最大限度地减小传送损失,光导纤维的端面必须光滑、垂直和清洁(图5-19所示为实际光纤端面)。只有使用专用的切割工具才能达到上述要求。切割面上的污垢和刮痕会产生很高的损耗(衰减)。通过内芯线的端面,光被传送到控制单元中的发射机/接收机。

图5-19 实际光纤端面

(三)MOST总线的环形结构

MOST总线系统的显著特点是它的环形结构,如图5-20所示。控制单元通过一根光导纤维把数据传送至环形结构中的下一个控制单元。

这个过程一直持续到数据返回至最初发出数据的那个控制单元。由此,形成了一个闭合的环路。MOST总线系统的诊断是借助于数据总线的诊断接口和诊断CAN进行的。

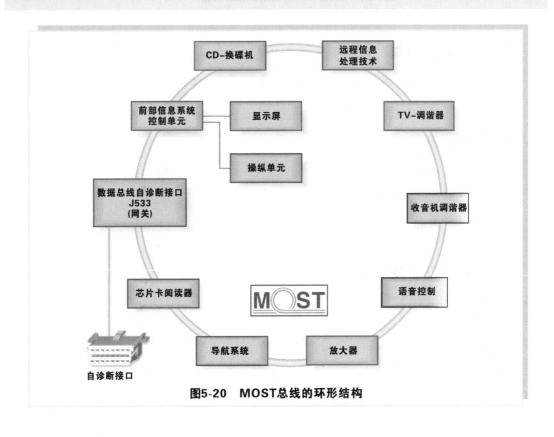

图5-20 MOST总线的环形结构

奥迪A6L信息娱乐系统位置分布如图5-21所示。

图5-21　奥迪A6L信息娱乐系统位置分布图

（四）系统管理器

系统管理器与诊断管理器一起负责对MOST总线的系统管理。前部信息显示和操作单元的控制单元J523执行系统管理器的功能。

系统管理器的功能：

（1）控制系统状态；
（2）传送MOST总线的信息；
（3）管理传送容量。

（五）MOST总线系统状态

1. 睡眠模式

如图5-22所示，此时MOST总线中没有数据交换，设备被切换至备用模式，只有系统管理器发出光学起始脉冲后，才被激活。闭路电流下降至最小值。

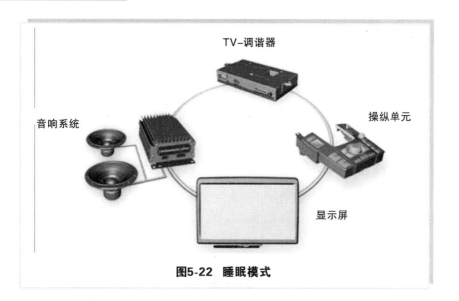

图5-22　睡眠模式

睡眠模式激活的条件：

（1）MOST总线中的所有控制单元都准备就绪，可切换至睡眠模式；
（2）其他总线系统没有通过网关提出任何要求；
（3）自诊断未被激活。

在上述条件下，MOST总线系统可以通过下列方式切换至睡眠模式：

（1）如果起动机或蓄电池放电，蓄电池管理器通过网关进行切换。
（2）通过自诊断仪器激活"传输模式"。

2. 备用模式

没有来自其他用户需要执行功能的请求，也就是说，系统给出已被关闭的印象，实际上MOST总线系统仍在后台工作着。但所有的输出媒介（显示屏、音频放大器等）都不工作或不发声，如图5-23所示。

此模式在启动和系统持续运行时被激活。

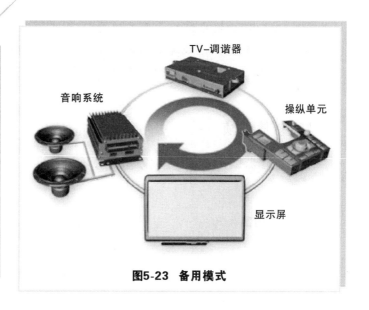

图5-23　备用模式

备用模式的激活前提条件：

（1）由其他数据总线通过网关激活，例如：驾驶员车门的关闭或开启，点火开关接通；

（2）由MOST总线中的控制单元激活，例如：打入的电话。

3. 通电工作模式

如图5-24所示，控制单元被完全激活。数据在MOST总线上进行交换。用户可以使用所有的功能。

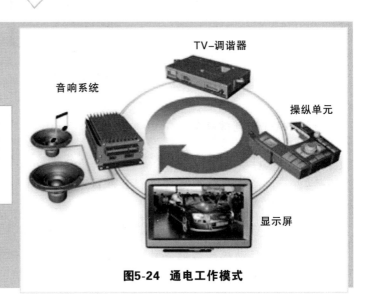

图5-24 通电工作模式

通电工作模式的前提条件：

（1）MOST总线系统处于备用模式；

（2）由其他数据总线通过网关激活，例如：S触点，显示屏工作；

（3）通过用户的功能选择来激活，例如：通过多媒体操作单元E380。

（六）信息帧

系统管理器以44.1kHz的脉冲频率从环状总线上向下一个控制单元发送信息帧。

1. 脉冲频率

由于使用了固定的时间光栅，脉冲频率允许传递同步数据。同步数据通常被用来传送这样的一些信息，例如：声音和动态图像（视频），这些信息必须以相同的时间间隔来发送。44.1 kHz的固定脉冲频率与数字式音频装置（CD、DVD播放器、DAB无线电）的传送频率相同，这样就可以将这些装置连接到MOST总线上了。

2. 信息帧的结构

信息帧的大小是64字节，按照图5-25所示划分。

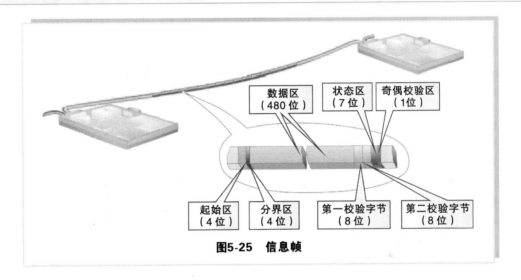

图5-25　信息帧

3. 信息帧区域

→ 1）起始区

起始区标志着信息帧的开始。每一段信息帧都有一个单独的起始区。

→ 2）分界区

分界区用于区分起始区和紧跟着的数据区。

→ 3）数据区

MOST总线利用数据区最多可将60字节的有效数据发送到控制单元。

有两种不同的数据类型：

（1）作为同步数据形式的音频与视频；

（2）作为异步数据形式的图像，用于计算目的的信息和文字信息。数据区的分配是可变的，数据区的同步数据的大小在24~60字节之间。同步数据的传送具有优先权，如图5-26所示。

根据发射机/接收机地址（标识符）和可利用的异步数据量，异步数据被输入并且被以4字节信息包的形式传送到接收机。

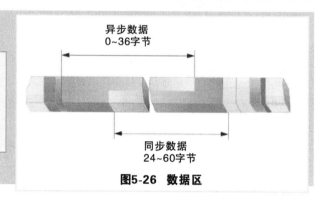

图5-26 数据区

4）校验字节

两个校验字节被用来传送控制信息（如图5-27所示），例如：

（1）发射机和接收机的地址（标识符）；

（2）至接收机的控制命令（例如，放大器设置音量大小）。

一个信息组中的校验字节在控制单元内汇成一个校验信息帧。一个信息组中有16个信息帧。校验信息帧内包含有地址、控制和诊断数据，这些数据由发射机传送到接收机，称为根据地址进行的数据传递。校验信息帧的格式如表5-1所示。

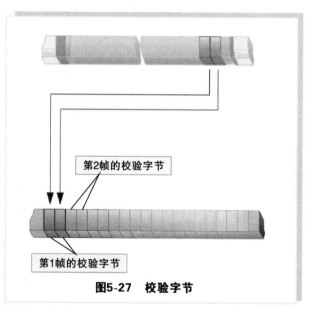

图5-27 校验字节

校验信息帧的格式表　　　　　　　　　　表5-1

字节	0~3	4~5	6~7	8~25	26~27	28~29	30~31
功能	仲裁段	目的地址	源地址	控制数据	CRC	发送状态	（保留）

例如：

发射机：前部信息显示和操作单元的控制单元。

接收机：放大器。

控制信号：音量大小。

5）状态区

信息帧的状态区包含用于接收机发送信息帧的信息。

6）奇偶校验区

奇偶区被用来最终检查数据的完整性。该区的内容将决定是否需要重复一次发送过程。

（七）MOST总线的功能流程

1. 系统启动（唤醒）

如果MOST总线处于睡眠模式，那么首先需要通过唤醒程序将系统切换至备用模式。

如果一个控制单元（系统管理器除外）唤醒了MOST总线，那么该控制单元就会向下一个控制单元发射一种专门调制的光（称为伺服光）。

环状总线上的下一个控制单元通过在睡眠模式下工作的光电二极管来接收这个伺服光并将此光继续下传，如图5-28所示。

该过程一直进行到系统管理器为止，系统管理器根据传来的伺服光来识别是否有系统启动的请求。

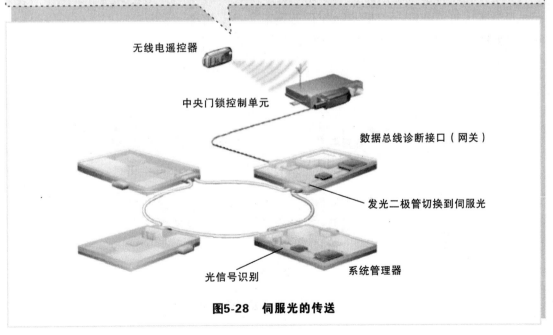

图5-28 伺服光的传送

然后系统管理器向下一个控制单元发送一种专门调制的光（称为主光），这个主光由所有的控制单元继续传递，光导发射机（FOT）接收到主光后，系统管理器就可识别出环形总线已经封闭，可以开始发送信息帧了，如图5-29所示。

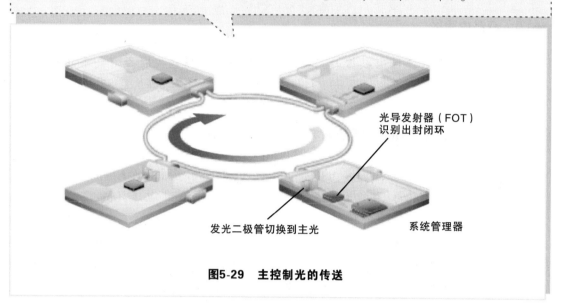

图5-29　主控制光的传送

首批信息帧要求MOST总线上的控制单元提供标识符。系统管理器根据标识符向环形总线上的所有控制单元发送实时顺序（实际配置），这使得面向地址的数据传递成为可能。

诊断管理器将报告上来的控制单元（实际配置）与一个所安装的控制单元存储表（规定配置）进行比较。如果实际配置与规定配置不相符，诊断管理器存储相应的故障。至此整个唤醒过程结束，可以开始数据传送了，如图5-30所示。

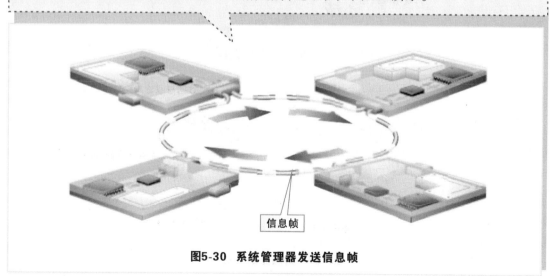

图5-30　系统管理器发送信息帧

2. 音频与视频作为同步数据的传送

为了方便理解,这里我们以奥迪A8车03型车上播放音乐CD为例来进行说明,如图5-31所示。

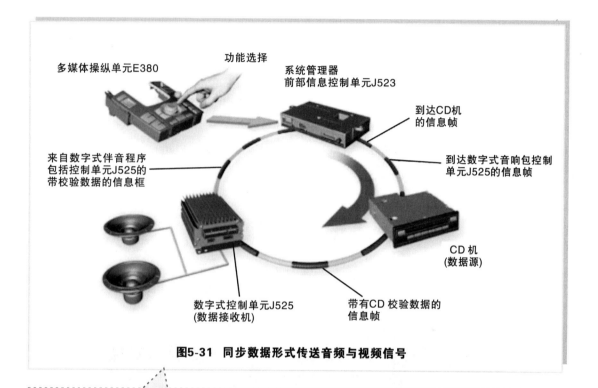

图5-31　同步数据形式传送音频与视频信号

用户通过多媒体操纵单元E380和信息显示屏J685来选择CD上的曲目。操纵单元E380通过一根数据线将控制信号传送至前部信息控制单元J523的系统管理器中。然后,系统管理器在连续不断传送的信息帧内加入一个带有以下校验数据的信息组(=16信息帧)插入。

发射机地址:

前信息显示和操作单元的控制单元J523,环形结构中的位置3。

数据源的接收机地址:

CD机,环形位置3(取决于装备情况)。

控制命令:

(1)播放第10个曲目;
(2)分配传送通道。

CD机（数据源）确定数据区中有哪些字节可以用来传送它的数据。然后，它插入一个带校验数据的数据组。

数据源的发射机地址：CD机，环形结构中的位置（取决于装备情况）。

系统管理器的接收机地址：前部信息控制单元J523，环形结构中的位置1。

控制命令：把CD的数据传送至通道01、02、03、04（立体声）。

3. 同步传送的数据管理

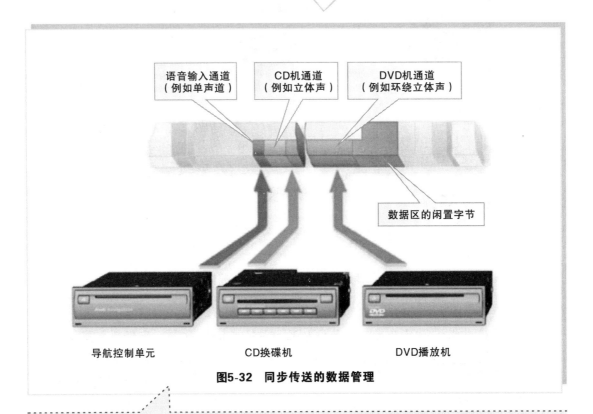

图5-32 同步传送的数据管理

如图5-32所示，前部信息控制单元J523使用下列带校验数据的数据组。

发射机地址：

前部信息控制单元J523，环形结构中的位置1。

接收机地址：

数字式控制单元J525，环形结构中的位置取决于装备。

控制命令：

（1）读出数据通道01、02、03、04，并通过扬声器播放出来；

（2）当前的音响效果设定，例如：音量、前后音量平衡、左右音量平衡、低音、高音和中音；

（3）关闭静音切换。向数字式控制单元J525（数据接收机）发出播放出音乐的指令。CD上的数据被保留在数据区内，直到信息帧通过环形总线又到达CD机（即数据源）为止。这时，这些数据被新的数据替代并且重新开始新的循环。这样可以使得MOST总线中的所有输出装置（声响包、耳机）都可使用同步数据。另外，系统管理器通过发送相应的校验数据来确定哪个装置在使用数据。

传送通道：

音频与视频传送需要每个数据区中的几个字节。数据源会根据信号类型预定一些字节，这些已被预定的字节就称为通道，一个通道包含一个字节的数据。

传递通道的数量：

传递通道的数量如表5-2所示，这些存储的通道可以同时传送几个数据源的同步数据。

传递通道的数量表　　　表5-2

信号	通道/字节
单声道	2
立体声	4
环绕立体声	12

4. 异步数据形式的传送

用异步数据形式传送的信息和功能数据如图5-33所示，其传送数据如下：

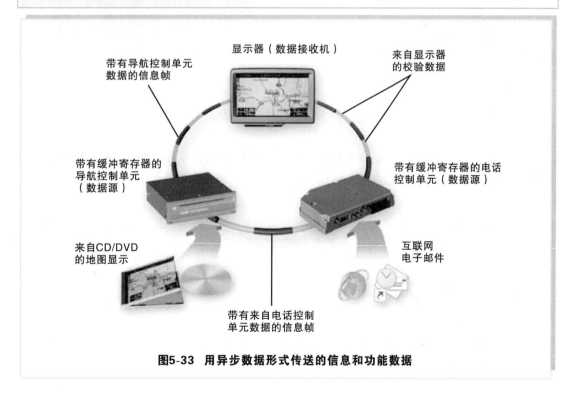

图5-33　用异步数据形式传送的信息和功能数据

（1）导航系统地图显示；
（2）导航计算；
（3）互联网站点；
（4）电子邮件。

它们都是以异步数据的形式传送的。异步数据源是以不规则的时间间隔来发送这些数据的。为此每个数据源将其异步数据存储到缓冲寄存器内。然后数据源开始等待，直至接收到带有接收机地址的信息组。数据源将数据记录到该信息组数据区的空闲字节内。记录是以每4个字节为一个数据包的形式进行的。接收机读取数据区中的数据包并处理这些信息。

异步数据停留在数据区，直到信息组又到达数据源。数据源从数据区提取数据，在合适的时候用新数据取代这些数据。

三、MOST总线系统的故障诊断

1. 诊断管理器

除系统管理器外，MOST总线还有一个诊断管理器（奥迪A6L上是数据总线诊断接口J533），如图5-34所示。该管理器执行环形中断诊断，并会将MOST总线上的控制单元诊断数据传给诊断控制单元。

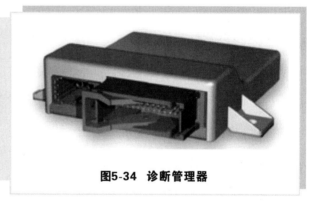

图5-34　诊断管理器

2. 系统故障

由于采用了环形结构，MOST总线上某一位置处数据传送的中断就被称为环形结构中断。引起环形结构中断的可能原因是：
（1）光导纤维中断；
（2）发射机或接收机控制单元的电源发生故障；
（3）发射机或接收机控制单元发生故障。

3. 环形结构的故障诊断

由于环形结构中断，就不能在MOST总线中进行数据传送，所以要借助于诊断导线来执行环形结构的故障诊断。可以通过中央接线连接装置将诊断导线连接至

MOST总线中的每一个控制单元,如图5-35所示。环形结构中的中断位置必须执行环形结构的故障诊断来确定,环形结构的故障诊断是诊断管理器执行的最终控制诊断的一部分。

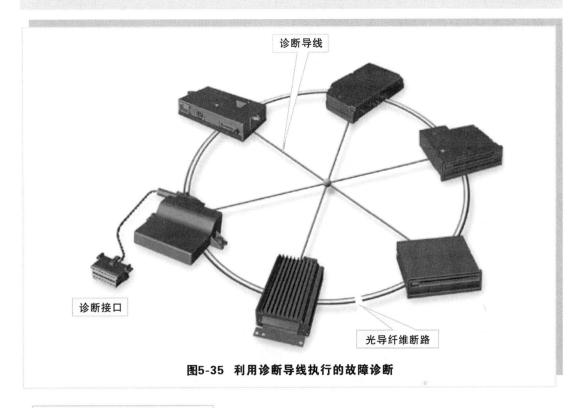

图5-35 利用诊断导线执行的故障诊断

环形结构中断的后果:

(1)不能播放音频与视频;
(2)不能用多媒体操作单元进行控制和调整;
(3)诊断管理器的故障存储器中存储故障信息("光导数据总线中断")。

启动环形结构的故障诊断后,诊断管理器通过诊断线向每个控制单元传送一个脉冲。这个脉冲使得所有控制单元借助于它们在FOT中的发射单元发出光信号。在此过程中,所有控制单元检查:

- 它们的电源和内部的电气功能。
- 接收来自环形结构中前一个控制单元的光信号。

每一个MOST总线的控制单元在软件规定的时间长度内作出应答。环状结构故障诊断的开始和控制单元应答的时限使得诊断管理器能够识别出是否已经作出了应答。环形结构故障诊断启动后,MOST总线的控制单元传送出两条信息:

(1)控制单元的电气系统正常,即:控制单元的电气功能正常(例如:电源正常);

（2）控制单元的光导系统正常，它的光敏二极管接收到环形结构中前一个控制单元的光信号。

| 这些信息告诉诊断管理器： | ・系统中是否存在电气故障（电源故障）。
・哪两个控制单元之间的光学数据传送中断了。 |

根据检测结果，须对故障部件进行进一步检测，应先测其供电、搭铁；如正常，再检查光纤插头是否正常；最后再怀疑控制单元故障。

| 判定控制单元是否存在故障的方法是： | 利用光学备用控制单元VAS6186来替换出现故障的控制单元，再观察MOST-BUS系统是否恢复正常。若此时系统正常，则表明该控制单元已损坏。 |

4.衰减增加时环形结构的故障诊断

环形结构的故障诊断只能检测数据传送的中断。诊断管理器的执行元件诊断还包括一项功能，就是通过降低光功率来进行环形结构的故障诊断，用于识别信号衰减的增加。

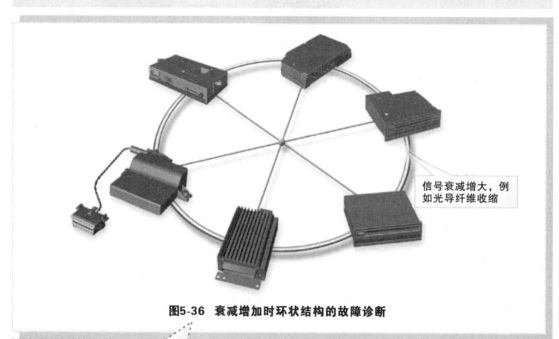

图5-36 衰减增加时环状结构的故障诊断

功率下降时的环形故障诊断的过程与上面描述的基本相同，如图5-36所示。但是，控制单元用衰减度为3dB的方式，即：光功率减少一半，打开它们在FOT中的发光二极管。如果光导纤维的衰减增加了，则到达接收机的光信号的强度就会不够强，接收机就会发出"光学问题"的信号。这时，诊断管理器就会识别出故障位置并在诊断测试仪的引导性故障查询中存储一条相应的故障信息。

四、MOST导线维修

1. 维修注意事项

（1）光纤保护帽只有在安装时才能直接被卸下。
（2）开口的光纤插头不允许触摸，不能被灰尘、油腻或其他液体弄脏。
（3）每种形式的损坏或线束不整时应立即换新的。
（4）光纤或空气管路只允许由受过专业培训的人员修理。
（5）所有损坏的插头要申报并做好记录。
（6）线束只能按说明图安装和连接。
（7）未装的长线束打上活结。
（8）线束不能从外部的破口处硬拉硬拽，只能从内向外推出。
（9）插头和缆线不允许在地上拖拉。
（10）不能踩在插头或导线上。
（11）线束任一位置不允许折叠。
（12）只有在必要的情况下才能断开控制单元插头和导线插头。
（13）在断开控制单元插头和导线插头前，应确保数据总线处于睡眠模式。在重新连接时，一定要读出并删除所有控制单元故障存储器里的故障，如有必要可进行调整。

2. 光纤导线常见故障

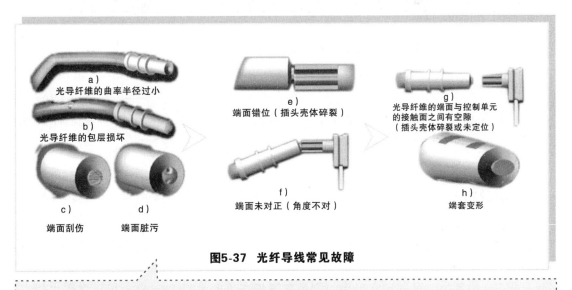

图5-37　光纤导线常见故障

（1）光导纤维的曲率半径过小，如图5-37a）所示。
如果光导纤维弯曲（折叠）的半径小于5mm，那么在纤芯的拐点处就会产生模糊（不透明，与折叠的有机玻璃相似），这时必须更换纤维。

(2)光导纤维的包层损坏,如图5-37b)所示。
(3)端面刮伤,如图5-37c)所示。
(4)端面脏污,如图5-37d)所示。
(5)端面错位(插头壳体碎裂),如图5-37e)所示。
(6)端面未对正(角度不对),如图5-37f)所示。
(7)光导纤维的端面与控制单元的接触面之间有空隙(插头壳体碎裂或未定位),如图5-37g)所示。
(8)端套变形,如图5-37h)所示。

3. 光导纤维的防弯折装置

在铺设光导纤维时,应安装防弯折装置(波形管),如图5-38(彩图见彩插)所示,波形管弯曲应避免半径不足,最小弯曲半径应大于25mm。

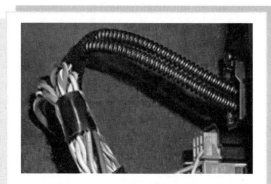

图5-38 波形管弯曲应避免半径不足

五、多媒体交互系统无法工作的原因与解决方法

下面以奥迪A6L 3.0L轿车为例进行分析。

故障现象:

一汽奥迪A6L 3.0L轿车,充好电后只要关闭点火开关一段时间,多媒体交互(MMI)系统再打开时就无法工作。

故障分析:

(1)连接故障诊断仪V.A.S5052,对车辆各个控制单元进行故障查询,除电源管理器控制单元中存储有电流关闭级1、电流关闭级2的故障码外,其他控制单元中的故障存储都存有含义为"电压低"这个偶发性故障码。将所有控制单元中的偶发性故障码清除后,打开MMI系统,可以正常工作,测量车辆静态放电电流为56mA,比正常数值偏大超过20mA。

（2）连接故障诊断仪V.A.S 5052，对该车网关安装列表进行故障诊断，在网关的安装列表中，显示信号无法到达与光纤环路相连接的各个控制单元。数据总线的诊断接口即网关J533控制单元中有光纤环路断路的故障记录。

根据该车光纤系统（MOST-BUS媒体系统数据交换总线）的结构可知（图5-39），如果系统无法开机说明光纤系统中的个别控制单元无法正常工作，或各控制单元间的光纤出现了断路、破损等情况，使光纤环路不能形成回路。

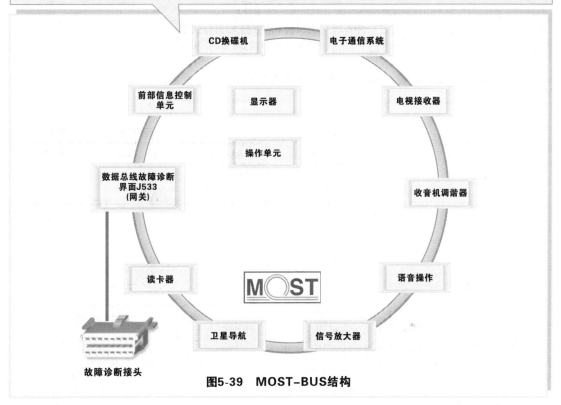

图5-39　MOST-BUS结构

（3）利用V.A.S 5052的功能导航模块对网关J533进行光纤环路断路诊断，发现光纤环路故障诊断和光波衰减3dB断环诊断均无法进行，说明故障在光纤系统。

在奥迪车辆的信息系统中装备了大量的现代信息娱乐媒体，为此信息娱乐系统中采用光纤传导技术构成的MOST-BUS（媒体系统数据交换总线）网络结构进行信息数据传输。在光纤环路系统中，信息显示控制单元J523、数据总线诊断接口（网关）J533、电话的发射接收器R36、导航控制单元J401、电视调谐器R78、收音机控制单元R、音响控制单元J525及CD转换盒R41通过光纤组成一个封闭的环形结构，电路原理如图5-40所示，各控制单元通过光纤（LWL）以相同的方向在环路中发送数据到相邻的下一个控制单元。在MOST-BUS中，各控制单元的内部结构由光波导体、光纤插头、发光二极管、光电二极管、MOST（媒体系统数据对换）传输接收机、仪器内部的电源、标准的微型控制单元、电气插座连接和仪器特殊部件等组成。在每个控制单元中，各有1个光纤导体（FOT发射单元）来负责光波的传递。

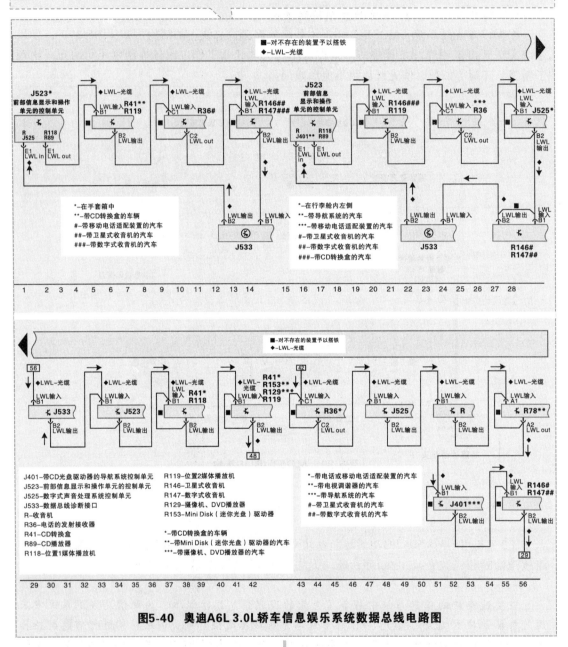

图5-40 奥迪A6L 3.0L轿车信息娱乐系统数据总线电路图

（4）经分析认为，故障是由于在MOST-BUS中的某一个控制单元无法正常工作导致光波信号不能正常传输，造成了整个系统无法打开。使用V.A.S5052对该车进行光纤环路断开故障诊断和光波衰减3dB断环诊断均无法执行，这说明在MOST-BUS中其系统诊断导线上有故障。

根据MOST-BUS系统和其环路断开诊断线路的布局结构来分析，造成诊断导线故障的可能原因有：

(1) 环路断开诊断线路中存在对搭铁短路；
(2) 有故障的控制单元导致环路断开诊断线路接搭铁；
(3) 在环路断开诊断线路中存在对正极短路。

查找故障原因：

测量环路断开诊断线路。由于环路中断诊断导线是以星形结构布置的，所以可以在任何控制单元处测量拔下的控制单元插头处的电压。

(1) 使用V.A.S5052对该车进行环路中诊断导线的测量。先从行李舱的左后衬板内断开音响控制单元J525，测量其电器插头上的环路中断诊断导线的电压，发现环路中诊断导线与搭铁线之间的电压为13.5V（标准值5V），说明在环路中断诊断导线中存在对正极短路的故障。

其故障原因有： 环路中断诊断导线本身存在线路故障；MOST-BUS中的某一个控制单元内部存在与正极短路的故障。

(2) 对MOST BUS中的各个控制单元逐一断开，再测量环路中断诊断导线的电压。当断开前部信息控制单元J523时，发现环路中诊断导线的电压降低到了5V，从而说明正是由于前部信息控制单元J523控制单元内部元件有对正极短路的故障，从而进一步导致MMI系统无法工作以及光纤环路断开故障诊断和光波衰减3dB断（路）环诊断均无法执行的故障现象。

解决办法：

更换前部信息控制单元J523后，故障消失，MMI系统恢复正常工作。再次检查车辆静态放电电流为20mA，在标准范围内。

维修小结：

由于J523控制单元内部元件有对正极偶然短路故障，造成诊断导线对正极短路，从而出现MMI系统有时无法工作，MMI系统无法进入休眠状态，致使车辆静态放电电流增加。

思考与练习

1. MOST总线具有哪些特征？
2. MOST的通信速率是多少？MOST采用何种传输介质？ MOST采用光波通信有何突出优点？
3. MOST控制单元由哪些部件构成？各部件的功能是什么？
4. 发光二极管和光电二极管的工作原理及功能分别是什么？
5. 光导纤维是根据什么原理来传递光信号的？发生全反射需要满足哪几个条件？为什么光导纤维的弯曲半径不能太小？
6. MOST总线系统的状态有哪几种模式？
7. 简述MOST的信息帧的组成及各部分的功能。
8. 如何进行MOST总线系统的故障诊断？
9. MOST光纤导线常见故障有哪些？进行维修时要注意哪些事项？

附录A 卡罗拉动力CAN总线系统故障维修实训指导

1. 卡罗拉CAN总线系统结构图

卡罗拉CAN总线系统结构如图A-1所示。CAN（控制器区域网络）是一个用于实时应用的串行数据通信系统，该系统通信速度高且可检测故障。通过CANH和CANL总线配对，可根据电压差进行通信。许多安装在车辆中的ECU通过信息共享和相互通信工作。CAN有两个120Ω的终端电阻，用于与主总线进行通信。

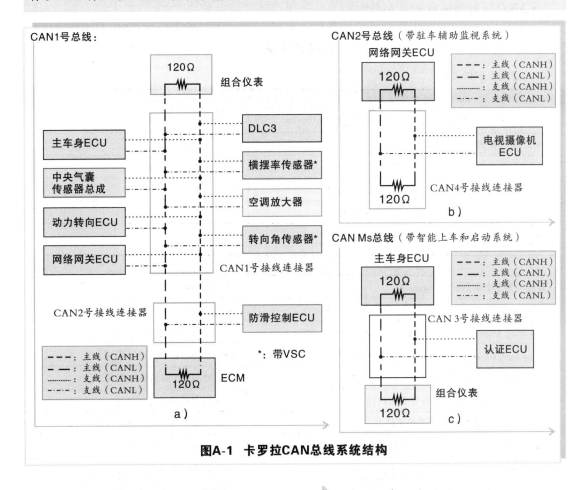

图A-1 卡罗拉CAN总线系统结构

2. CAN故障诊断表

对于CAN故障，可使用智能检测仪来检查CAN通信系统的故障码（DTC）。

提示：
- 当任何通信线路存在断路或短路时，输出CAN通信故障码。任何与相应ECU或传感器的电源相关的故障，或者ECU或传感器本身的故障，同样会导致这些故障码输出。

- 点火开关置于ON（IG）位置时，如果有CAN通信线路连接器断开，则相应系统及相关系统的ECU将记录故障码。

1）CAN总线故障症状表

CAN总线故障症状如表A-1所示。

故障症状表　　　　　　　　　　表A-1

CAN总线检测结果表：

故障症状	可能原因
"CAN总线检测"结果为"CAN总线主线断路"	CAN总线主线断路
"CAN总线检测"结果为"CAN总线断路"	CAN总线断路
"CAN总线检测"结果为"CAN总线对B+短路"	CAN总线对B+短路
"CAN总线检测"结果为"CAN总线对搭铁短路"	CAN总线对搭铁短路
"CAN总线检测"结果为"CAN支线一侧断路"	CAN支线一侧断路

通信终止模式表：

症　状	可能原因
智能检测仪上未显示"Engine"	ECM通信终止模式
"ABS/VSC/TRAC"未显示在智能检测仪上	防滑控制ECU通信终止模式
"Steering Angle Sensor"未显示在智能检测仪上	转向角传感器通信终止模式
"Yaw Rate/Decelerate Sensor"未显示在智能检测仪上	横摆率传感器通信终止模式
智能检测仪上未显示"EPS"	动力转向ECU通信终止模式
"Air Conditioner"未显示在智能检测仪上	空调放大器通信终止模式
"SRS Airbag"未显示在智能检测仪上	中央气囊传感器通信终止模式
"Main Body"未显示在智能检测仪上	主车身ECU通信终止模式
"Combination Meter"未显示在智能检测仪上	组合仪表ECU通信终止模式
"Network Gateway"未显示在智能检测仪上	网络网关ECU通信终止模式

2）失效保护表

如果任一CAN总线（通信线束）由于短路或其他原因导致通信失效，每个系统特有的失效保护功能就开始工作，以防止系统发生故障。

表A-2所示为卡罗拉CAN总线失效保护表，表中分别给出部件、系统功能以及通信失败对这些功能的影响。

卡罗拉CAN总线失效保护表　　　　　　　　表A-2

功能 （功能描述）	主控制系统	相关系统	失效保护操作	DTC （驾驶员可检测的）
VSC控制[①] （VSC工作时，控制驱动力）	防滑控制ECU	• ECM • 转向角传感器 • 横摆率传感器	VSC控制不工作 （VSC控制逐渐停止）	U0073、U0100、U0123、U0124、U0126 （警告灯亮起）
VSC控制[①] （发动机功率由VSC/TRC控制）	防滑控制ECU	• ECM • 转向角传感器 • 横摆率传感器	VSC控制不工作 （VSC控制逐渐停止）	U0073、U0100、U0123、U0124、U0126 （警告灯亮起）
ABS控制 （ABS工作时，控制驱动力）	防滑控制ECU	横摆率传感器[①]	控制不起作用 （ABS控制时逐渐停止控制）	U0073、U0124[①] （警告灯亮起）
电动转向 （车速感应型转矩控制）	动力控制ECU	• ECM • 防滑控制ECU	踩下EPS辅助 （转向失效）	U0100、U0129 （VSC故障：警告灯亮起，在70km/h的车速时动力辅助降低）； [ECM故障，警告灯亮起(仅在辅助开始前)]
仪表显示 （显示工作条件和DTC）	组合仪表	• ECM • 防滑控制ECU • 中央气囊传感器总成 • 认证ECU • 主车身ECU	灯不亮、异常亮起或异常闪烁	U0100、U0129 （灯异常亮起）
空调控制	空调放大器	• ECM • 组合仪表 • 主车身ECU	空调功能和PTC加热器功能停止	B1499 （空调不工作）
上车功能/电动门锁控制[②]	认证ECU	• 组合仪表 • 主车身ECU	允许解锁	U0327、U1002 （遥控门锁不能工作）
驻车辅助监视图像显示[③]	电视摄像机ECU	• 电视摄像机ECU • 转向角传感器 • 网络网关ECU • 组合仪表ECU	后部指引未显示	U1002、U1126 （导航屏幕驻车辅助监视器图像未显示）

注：①带VSC；
　　②带智能上车和启动系统；
　　③带驻车辅助监视系统。

3. ECM通信终止模式

ECM通信终止模式故障症状如表A-3所示，电路参见图A-2。

ECM通信终止模式故障表 表A-3

检测项目	故障症状	可能原因
ECM通信终止模式	• 智能检测仪的"Communication Bus Check"屏幕上未显示"Enigine" • 适用于"DTC组合表"中的"ECM通信终止模式"	• ECM电源电路 • ECM

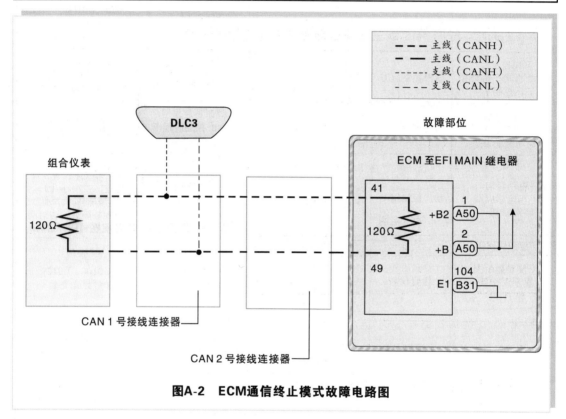

图A-2　ECM通信终止模式故障电路图

检测程序时注意：

• 测量CAN总线主线和CAN总线支线的电阻前，首先请将点火开关置于OFF位置。

• 将点火开关置于OFF位置后，检查并确认钥匙提醒警告系统和车灯提醒警告系统未处于工作状态。

• 开始测量电阻前，使车辆保持原来状态至少1min，不要操作点火开关和任何其他开关或车门。如果需要打开任何车门以检测连接器，则打开该车门并让它保持打开。

提示:
- 操作点火开关、任何其他开关或车门会触发相关ECU和传感器进行CAN通信。该通信将导致电阻值发生变化。
- 即使清除了DTC,如果在行驶一段时间后又存储了DTC,则故障可能是因为车辆振动而发生的。在这种情况下,执行下面的检查时,晃动ECU和线束将有助于确定故障原因。

1)检查CAN 1号总线主线是否断路(ECM主线)

(1)将点火开关置于OFF位置。
(2)断开ECM连接器。
(3)根据表A-4中的值测量电阻。
线束连接器前视图(至ECM)如图A-3所示。

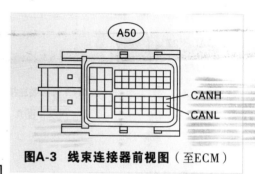

图A-3 线束连接器前视图(至ECM)

标准电阻　　　　　　表A-4

检测仪连接	条件	规定状态
A50-41(CANH)-A50-49(CANL)	点火开关置于OFF位置	108~132Ω

异常: 维修或更换线束或连接器。

2)检查线束(电源电路/1ZR-FE、2ZR-FE)

检查ECM电源电路,如正常,则更换ECM;如异常,则维修或更换线束或连接器。

4. CAN总线主线断路

DLC3的端子6(CANH)和14(CANL)之间的电阻为69Ω或更大时,CAN主线或DLC3支线可能断路。故障部位有:CAN总线主线或连接器、CAN1号总线连接器、CAN2号总线连接器、ECM、组合仪表。测量电路如图A-4所示。

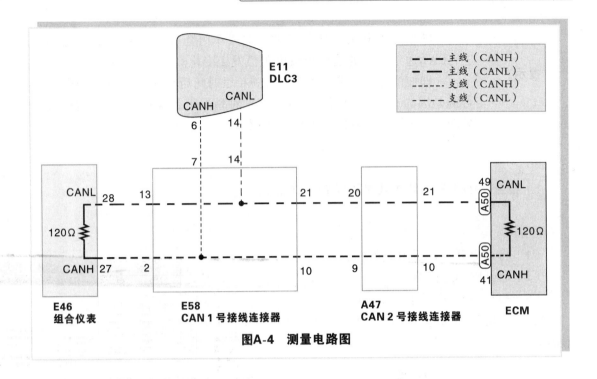

图A-4 测量电路图

1) 检查DLC3

（1）将点火开关置于OFF位置。
（2）根据表A-5中的值测量电阻。
DLC3端子如图A-5所示。

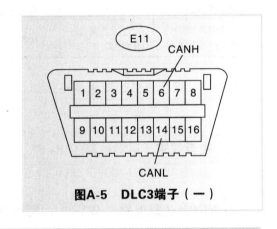

图A-5 DLC3端子（一）

➡ 标准电阻　　　　　　　　　　表A-5

检测仪连接	条件	规定状态
E11-6（CANH）- E11-14（CANL）	点火开关置于 OFF位置	108～132Ω

注意： 当测量值为132Ω或更大并且输出CAN通信系统诊断故障码时，则除DLC3支线断开外，还可能有一个故障。

异常： 维修或更换连接至DLC3的CAN支线。

2) 检查CAN总线主线是否断路（CAN2号接线连接器）

（1）将点火开关置于OFF位置。

（2）断开CAN 2号接线连接器。
（3）根据表A-6中的值测量电阻。
线束连接器前视图（至CAN 2号接线连接器）如图A-6所示。

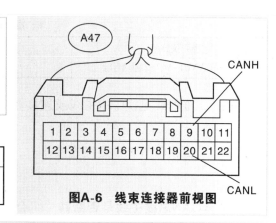

标准电阻　　　　　　　表A-6

检测仪连接	条件	规定状态
A47-9(CANH)–A47-20(CANL)	点火开关置于OFF位置	108～132Ω

图A-6　线束连接器前视图

异常：转到第5）点

3）检查CAN总线主线是否断路

（1）将点火开关置于OFF位置。
（2）重新连接CAN 2号接线连接器。
（3）断开ECM连接器。
（4）根据表A-7中的值测量电阻。
线束连接器前视图（至ECM）参见图A-3所示。

标准电阻　　　　　　　表A-7

检测仪连接	条件	规定状态
A50-41(CANH)–A50-49(CANL)	点火开关置于OFF位置	108～132Ω

如测得阻值正常，则更换ECM；如阻值异常，则进入下一步的检查。

4）检查CAN总线主线是否断路（CAN 2号接线连接器）

（1）重新连接ECM连接器。
（2）将点火开关置于OFF位置。
（3）断开CAN 2号接线连接器。
（4）根据表A-8中的值测量电阻。
线束连接器前视图（至CAN 2号接线连接器）如图A-7所示。

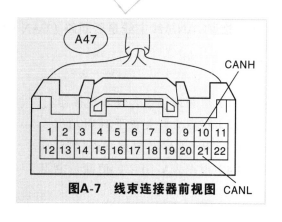

图A-7　线束连接器前视图

标 准 电 阻　　　　　　　　　　　　　　　　表A-8

检测仪连接	条件	规定状态
A47-10(CANH)-A47-21(CANL)	点火开关置于OFF位置	108～132Ω

异常： 维修或更换CAN主线或连接器（CAN 2号接线连接器→ECM）。

正常： 更换CAN 2号接线连接器。

5）检查CAN总线主线是否断路（组合仪表）

（1）重新连接CAN 2号接线连接器。
（2）将点火开关置于OFF位置。
（3）断开组合仪表连接器。
（4）根据表A-9中的值测量电阻。
线束连接器前视图（至组合仪表连接器）如图A-8所示。

标 准 电 阻　　　表A-9

检测仪连接	条件	规定状态
E46-27(CANH)-E46-28(CANL)	点火开关置于OFF位置	108～132Ω

正常： 更换组合仪表总成。

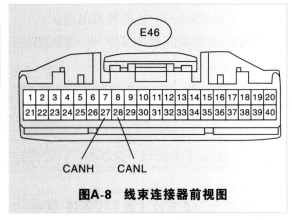

图A-8　线束连接器前视图

6）检查CAN总线主线是否断路（CAN 1号接线连接器→组合仪表）

（1）重新连接组合仪表连接器。
（2）将点火开关置于OFF位置。
（3）断开CAN 1号接线连接器。
（4）根据表A-10中的值测量电阻。

线束连接器前视图（至CAN 1号接线连接器）如图A-9所示。

检测仪连接	条件	规定状态
E58-2(CANH)–E58-13(CANL)	点火开关置于OFF位置	108~132Ω

标准电阻　　　表A-10

异常：维修或更换CAN主线或连接器（组合仪表–CAN 1号接线连接器）。

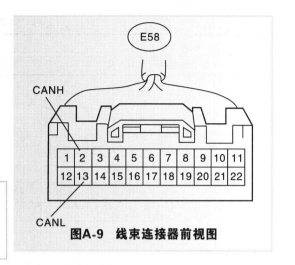

图A-9　线束连接器前视图

7）检查CAN总线主线是否断路（CAN 1号接线连接器→CAN 2号接线连接器）

（1）将点火开关置于OFF位置。
（2）断开CAN 1号接线连接器。
（3）根据表A-11中的值测量电阻。

线束连接器前视图（至CAN 1号接线连接器）如图A-10所示。

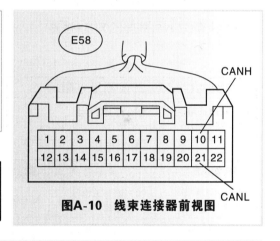

检测仪连接	条件	规定状态
E58-10(CANH)–E58-21(CANL)	点火开关置于OFF位置	108~132Ω

标准电阻　　　表A-11

图A-10　线束连接器前视图

异常：维修或更换CAN主线或连接器（CAN 1号接线连接器→CAN 2号接线连接器）。

正常：更换CAN 1号接线连接器。

5. 检查CAN总线主线

CAN通信系统未输出任何故障码时，首先测量DLC3端子间的电阻以确定故障部位，检查并确认CAN线路与+B和搭铁之间没有短路。测量电路如图A-1a）所示。

1）检查CAN总线（主线是否断路，CAN总线是否短路）

（1）将点火开关置于OFF位置。
（2）根据表A-12中的值测量电阻。
DLC3端子参如图A-5所示。

标准电阻　　　　表A-12

检测仪连接	条件	结果	转至
E11-6(CANH)-E11-14(CANL)	点火开关置于OFF位置	54～69Ω	A
E11-6(CANH)-E11-14(CANL)	点火开关置于OFF位置	69Ω或更大	B
E11-6(CANH)-E11-14(CANL)	点火开关置于OFF位置	小于54Ω	C

- A → 见第2）点。
- B → 检查CAN总线主线是否断路。
- C → 检查CAN总线是否短路。

2）检查CAN总线是否对B+短路

根据表A-13中的值测量电阻。
DLC3端子如图A-11所示。

标准电阻　　　　表A-13

检测仪连接	条件	规定状态
E11-6(CANH)-E11-16(BAT)	断开蓄电池负极端子	6kΩ或更大
E11-14(CANL)-E11-16(BAT)	断开蓄电池负极端子	6kΩ或更大

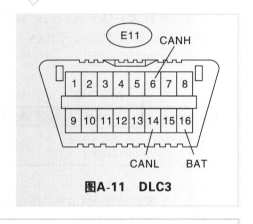

图A-11　DLC3

异常： 检查CAN总线是否对+B短路。

3）检查CAN总线是否对搭铁短路

根据表A-14中的值测量电阻。
DLC3端子如图A-12所示。

标准电阻　　　　表A-14

检测仪连接	条件	规定状态
E11-6(CANH)-E11-4(CG)	点火开关置于OFF位置	200kΩ或更大
E11-14(CANL)-E11-4(CG)	点火开关置于OFF位置	200kΩ或更大

附录A 卡罗拉动力CAN总线系统故障维修实训指导

> 异常：检查CAN总线是否对搭铁短路。

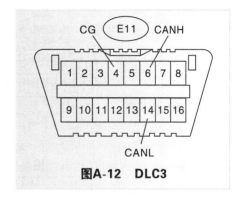

图A-12 DLC3

6. 检查CAN总线主线是否短路

当DLC3的端子6（CANH）和14（CANL）之间的电阻小于54Ω时，CAN主线和/或CAN支线可能短路。故障症状如表A-15所示。

故障症状表　　　　　　　　　　表A-15

症　状	故障部位	症　状	故障部位
DLC3的端子6(CANH)和14(CANL)之间的电阻小于54Ω时	·CAN总线短路 ·防滑控制ECU ·动力转向ECU ·转向角传感器（带VSC） ·横摆率传感器（带VSC） ·ECM	DLC3的端子6(CANH)和14(CANL)之间的电阻小于54Ω时	·中央气囊传感器总成 ·空调放大器 ·组合仪表 ·主车身ECU ·网络网关ECU ·CAN 1号接线连接器 ·CAN 2号接线连接器

检测程序时注意：

·测量CAN总线主线和CAN总线支线之间的电阻前，首先请将点火开关置于OFF位置。

·将点火开关置于OFF位置后，检查并确认钥匙提醒警告系统和车灯提醒警告系统未处于工作状态。

·开始测量电阻前，使车辆保持原来状态至少1min，不要操作点火开关和任何其他开关或车门。如果需要打开任何车门以检查连接器，则打开该车门并让它保持打开。

1）检查CAN总线是否短路（DLC3支线）

（1）将点火开关置于OFF位置。
（2）断开CAN 1号接线连接器。
（3）根据右表A-16中的值测量电阻。
CAN 1号接线连接器及DLC3如图A-13所示。

标准电阻　　　表A-16

检测仪连接	条件	规定状态
E11-6(CANH)- E11-14(CANL)	点火开关置于OFF位置	1MΩ或更大

> 异常：维修或更换连接至DLC3的CAN支线。

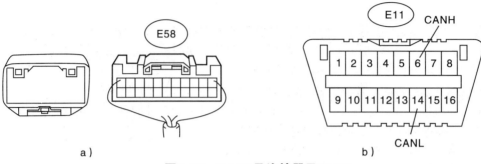

图A-13　CAN1号连接器及DLC3
a）CAN 1 号接线连接器；b）DLC3

2）检查CAN总线是否短路（CAN 2 号接线连接器）

（1）重新连接CAN 1 号接线连接器。
（2）断开CAN 2 号接线连接器。
（3）根据右表A-17的值测量电阻。
CAN 2号接线连接器及DLC3如图A-14所示。

标准电阻　　　表A-17

检测仪连接	条件	规定状态
E11-6(CANH)-E11-14(CANL)	点火开关置于OFF位置	108~132Ω

异常：转至第6）点。

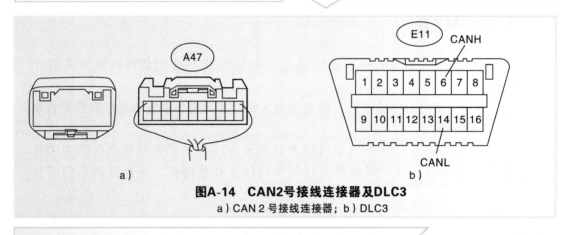

图A-14　CAN2号接线连接器及DLC3
a）CAN 2 号接线连接器；b）DLC3

3）检查CAN总线是否短路（CAN 2 号接线连接器）

根据表A-18中的值测量电阻。
线束连接器前视图（至CAN 2 号接线连接器）参见图A-7。

提示：断开CAN 2 号接线连接器之后，必须测量电阻。

标准电阻　　　表A-18

检测仪连接	条件	规定状态
A47-10（CANH）-A47-21（CANL）	点火开关置于OFF位置	108~132Ω

| 异常: | 转至第5)点。 |

4) 检查CAN总线是否短路（CAN 2号接线连接器→防滑控制ECU）

根据表A-19中的值测量电阻。

线束连接器前视图（至CAN 2号接线连接器）如图A-15所示。

标准电阻 表A-19

检测仪连接	条件	规定状态
A47-8（CANH）- A47-19（CANL）	点火开关置于OFF位置	1MΩ或更大

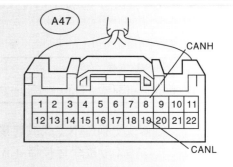

图A-15 线束连接器前视图

| 异常: | 转至第22)点。 |
| 正常: | 维修或更换CAN主线或连接器（CAN1号接线连接器–CAN2号接线连接器）。 |

5) 检查CAN总线是否短路（ECM主线）

（1）断开ECM连接器。

（2）根据表A-20中的值测量电阻。

线束连接器前视图如图A-16所示。

标准电阻 表A-20

检测仪连接	条件	规定状态
A47-10（CANH）-A47-21（CANL）	点火开关置于OFF位置	1MΩ或更大

如测量电阻值正常，则更换ECM；如阻值异常，则维修或更换CAN主线或连接器（ECM主线）。

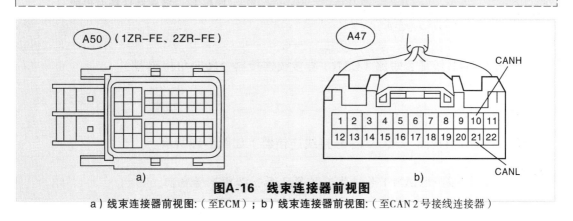

图A-16 线束连接器前视图

a）线束连接器前视图:（至ECM）；b）线束连接器前视图:（至CAN 2号接线连接器）

6）检查CAN总线是否短路（CAN 1号接线连接器→CAN 2号接线连接器）

（1）将点火开关置于OFF位置。
（2）断开CAN 1号接线连接器。
（3）根据表A-21中的值测量电阻。
线束连接器前视图（至CAN 1号接线连接器）参见图A-10。

标 准 电 阻　　　　　　　　　　　　　表A-21

检测仪连接	条件	规定状态
E58-10（CANH）-E58-21（CANL）	点火开关置于OFF位置	1MΩ或更大

异常：维修或更换CAN主线或连接器
（CAN 1号接线连接器-CAN 2号接线连接器）。

7）检查CAN总线是否短路（CAN 1号接线连接器→动力转向ECU）

（1）重新连接CAN 2号接线连接器。
（2）根据表A-22中的值测量电阻。
线束连接器前视图（至CAN 1号接线连接器）如图A-17所示。

标准电阻　　表A-22

检测仪连接	条件	规定状态
E58-3（CANH）- E58-14（CANL）	点火开关置于OFF位置	1MΩ或更大

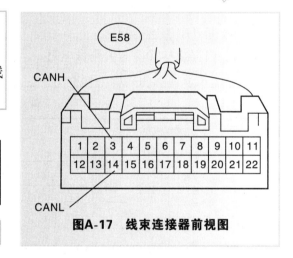

图A-17　线束连接器前视图

异常：转至第15）点。

8）检查CAN总线是否短路（CAN 1号接线连接器→转向角传感器）

根据表A-23中的值测量电阻。
线束连接器前视图（至CAN 1号接线连接器）如图A-18所示。

提示：断开CAN 1号接线连接器之后，必须测量电阻。

标准电阻		表A-23
检测仪连接	条件	规定状态
E58-5（CANH）- E58-16（CANL）	点火开关置于OFF位置	1MΩ或更大

异常：转至第16）点。

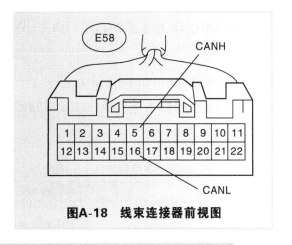

图A-18　线束连接器前视图

9）检查CAN总线是否短路（CAN 1号接线连接器→横摆率传感器）

根据表A-24中的值测量电阻。
线束连接器前视图（至CAN 1号接线连接器）如图A-19所示。

标准电阻		表A-24
检测仪连接	条件	规定状态
E58-6（CANH）- E58-17（CANL）	点火开关置于OFF位置	1MΩ或更大

异常：转至第17）点。

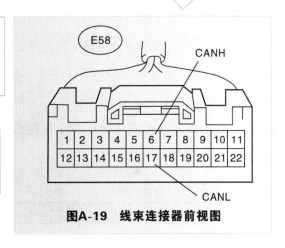

图A-19　线束连接器前视图

10）检查CAN总线是否短路（CAN 1号接线连接器→主车身ECU）

根据表A-25中的值测量电阻。
线束连接器前视图（至CAN 1号接线连接器）如图A-20所示。

标准电阻		表A-25
检测仪连接	条件	规定状态
E58-8（CANH）- E58-19（CANL）	点火开关置于OFF位置	1MΩ或更大

异常：转至第18）点。

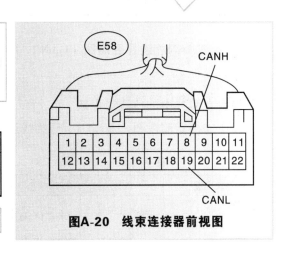

图A-20　线束连接器前视图

11）检查CAN总线是否短路（CAN 1号接线连接器→空调放大器）

根据表A-26中的值测量电阻。
线束连接器前视图（至CAN 1号接线连接器）见图A-21。

标准电阻　　　　表A-26

检测仪连接	条件	规定状态
E58-4（CANH）－E58-15（CANL）	点火开关置于OFF位置	1MΩ或更大

异常：转至第19）点。

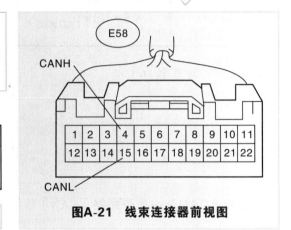

图A-21　线束连接器前视图

12）检查CAN总线是否短路（CAN 1号接线连接器→中央气囊传感器总成）

根据表A-27中的值测量电阻。
线束连接器前视图（至CAN 1号接线连接器）如图A-22所示。

标准电阻　　　　表A-27

检测仪连接	条件	规定状态
E58-9（CANH）－E58-20（CANL）	点火开关置于OFF位置	1MΩ或更大

异常：转至第20）点。

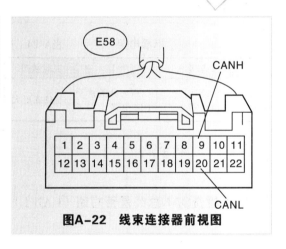

图A-22　线束连接器前视图

13）检查CAN总线是否短路（CAN 1号接线连接器→组合仪表）

根据表A-28中的值测量电阻。
线束连接器前视图（至CAN 1号接线连接器）参见图A-9。

标准电阻　　　　表A-28

检测仪连接	条件	规定状态
E58-2（CANH）－E58-13（CANL）	点火开关置于OFF位置	108至132Ω

异常：转至第21）点。

14）检查CAN总线是否短路（CAN 1号接线连接器→网络网关ECU）

根据表A-29中的值测量电阻。

线束连接器前视图（至CAN 1号接线连接器）如图A-23所示。

标准电阻　　　　表A-29

检测仪连接	条件	规定状态
E58-11（CANH）-E58-22（CANL）	点火开关置于OFF位置	1MΩ或更大

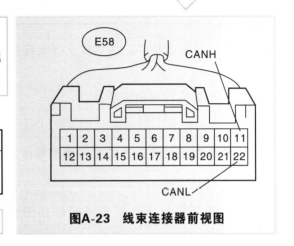

图A-23　线束连接器前视图

异常：转至第23）点。

正常：更换CAN 1号接线连接器。

15）检查CAN总线是否短路（动力转向ECU支线）

断开动力转向ECU连接器，根据表A-30中的值测量电阻。
线束连接器前视图（至CAN 1号接线连接器）参见图A-18。

标准电阻　　　　表A-30

检测仪连接	条件	规定状态
E58-3（CANH）-E58-14（CANL）	点火开关置于OFF位置	1MΩ或更大

异常：维修或更换CAN总线支线或连接器（动力转向ECU支线）。

正常：更换动力转向ECU。

16）检查CAN总线是否短路（转向角传感器支线）

（1）断开转向角传感器连接器（图A-24）。

（2）根据表A-31中的值测量电阻。

线束连接器前视图（至CAN 1号接线连接器）参见图A-19。

图A-24　转向角传感器连接器

标准电阻　　　　　　　　　　　　　　　表A-31

检测仪连接	条件	规定状态
E58-5（CANH）-E58-16（CANL）	点火开关置于OFF位置	1MΩ或更大

异常： 维修或更换CAN总线支线或连接器（转向角传感器支线）。

正常： 更换转向角传感器。

17）检查CAN总线是否短路（横摆率传感器支线）

（1）断开横摆率传感器连接器如图A-25所示。

（2）根据表A-32中的值测量电阻。

线束连接器前视图（至CAN 1号接线连接器）参见图A-19。

标准电阻　　　表A-32

检测仪连接	条件	规定状态
E58-6（CANH）-E58-17（CANL）	点火开关置于OFF位置	1MΩ或更大

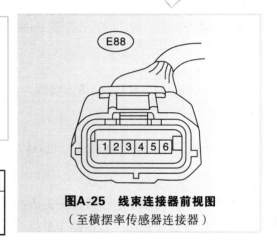

图A-25　线束连接器前视图
（至横摆率传感器连接器）

异常： 维修或更换CAN总线支线或连接器（横摆率传感器支线）。

正常： 更换横摆率传感器。

18）检查CAN总线是否短路（主车身ECU支线）

（1）断开主车身ECU连接器，如图A-26所示。

（2）根据表A-33中的值测量电阻。

线束连接器前视图（至CAN 1号接线连接器）参见图A-20。

标准电阻　　　表A-33

检测仪连接	条件	规定状态
E58-8（CANH）-E58-19（CANL）	点火开关置于OFF位置	1MΩ或更大

异常： 维修或更换CAN总线支线或连接器（主车身ECU支线）。

正常： 更换主车身ECU。

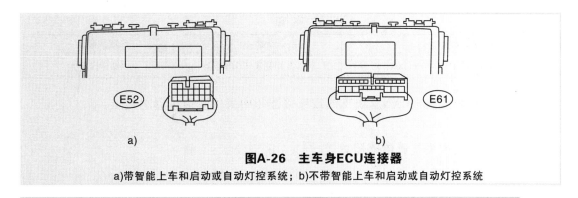

图A-26 主车身ECU连接器
a)带智能上车和启动或自动灯控系统；b)不带智能上车和启动或自动灯控系统

19）检查CAN总线是否短路（空调放大器支线）

（1）断开空调放大器连接器，如图A-27所示。

（2）根据表A-34中的值测量电阻。

线束连接器前视图（至CAN 1号接线连接器）参见图A-21。

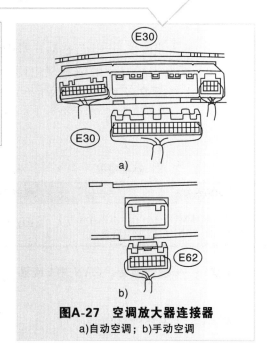

图A-27 空调放大器连接器
a)自动空调；b)手动空调

标准电阻　　　　表A-34

检测仪连接	条件	规定状态
E58-4（CANH）- E58-15（CANL）	点火开关置于OFF位置	1MΩ或更大

异常：维修或更换CAN总线支线或连接器（空调放大器支线）。

正常：更换空调放大器。

20）检查CAN总线是否短路（中央气囊传感器总成支线）

（1）断开中央气囊传感器总成连接器如图A-28所示。

（2）根据表A-35中的值测量电阻。

线束连接器前视图（至CAN 1号接线连接器）参见图A-22。

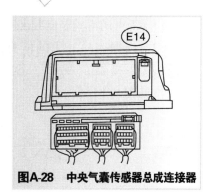

图A-28 中央气囊传感器总成连接器

标 准 电 阻　　　　　　　　　　表A-35

检测仪连接	条件	规定状态
E58-9（CANH）-E58-20（CANL）	点火开关置于OFF位置	1MΩ或更大

异常： 维修或更换CAN总线支线或连接器（中央气囊传感器总成）。

正常： 更换中央气囊传感器总成。

21）检查CAN总线是否短路（组合仪表ECU主线）

（1）断开组合仪表ECU连接器，如图A-29所示。
（2）根据表A-36中的值测量电阻。
线束连接器前视图（至CAN 1号接线连接器）参见图A-9。

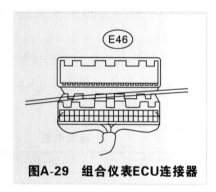

图A-29　组合仪表ECU连接器

标准电阻　　　表A-36

检测仪连接	条件	规定状态
E58-2（CANH）- E58-13（CANL）	点火开关置于OFF位置	1MΩ或更大

异常： 维修或更换CAN主线或连接器（组合仪表主线）。

正常： 更换组合仪表。

22）检查CAN总线是否短路（防滑控制ECU支线）

（1）断开防滑控制ECU连接器如图A-30所示。
（2）根据表A-37中的值测量电阻。
线束连接器前视图（至CAN 2号接线连接器）参见图A-15。

提示： 断开CAN 2号接线连接器之后，必须测量电阻。

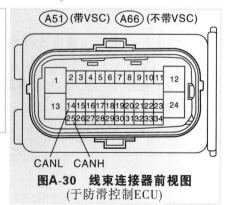

图A-30　线束连接器前视图
（于防滑控制ECU）

标 准 电 阻　　　　　　　　　　　　　　　表A-37

检测仪连接	条件	规定状态
E47-8（CANH）-E47-19（CANL）	点火开关置于OFF位置	1MΩ或更大

如测得阻值正常，则更换制动器执行器总成；如阻值异常，则维修或更换CAN总线支线或连接器（防滑控制ECU支线）。

23）检查CAN总线是否短路（网络网关ECU）

（1）断开网络网关ECU连接器，如图A-31所示。
（2）根据表A-38中的值测量电阻。
线束连接器前视图（至CAN 2号接线连接器）参见图A-23。

提示：断开CAN 1号接线连接器之后，必须测量电阻。

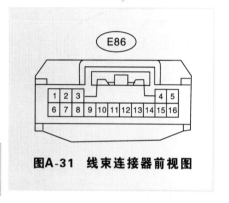

图A-31　线束连接器前视图

标 准 电 阻　　　　　　　　　　　　　　　表A-38

检测仪连接	条件	规定状态
E58-11（CANH）-E58-22（CANL）	点火开关置于OFF位置	1MΩ或更大

异常：维修或更换CAN总线支线或连接器（网络网关ECU支线）。

正常：更换网络网关ECU。

附录B 卡罗拉LIN总线系统故障维修实训指导

1. 故障排除流程

对于卡罗拉LIN总线故障,可以按下面的流程图(图B-1)进行故障排除。

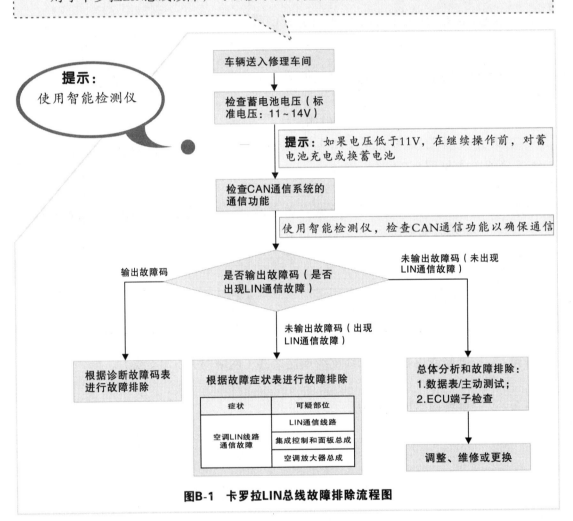

图B-1 卡罗拉LIN总线故障排除流程图

2. ECU端子的检查

(1)检查主车身ECU(仪表板接线盒)[不带智能上车和启动系统,不带自动灯控],如图B-2、图B-3所示。

①断开仪表板接线盒连接器2B、2F和2G。

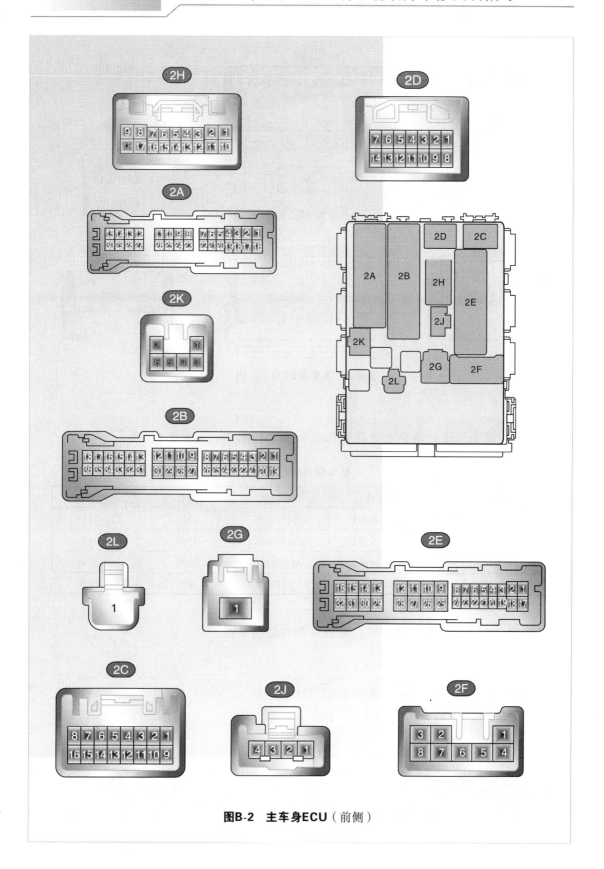

图B-2 主车身ECU（前侧）

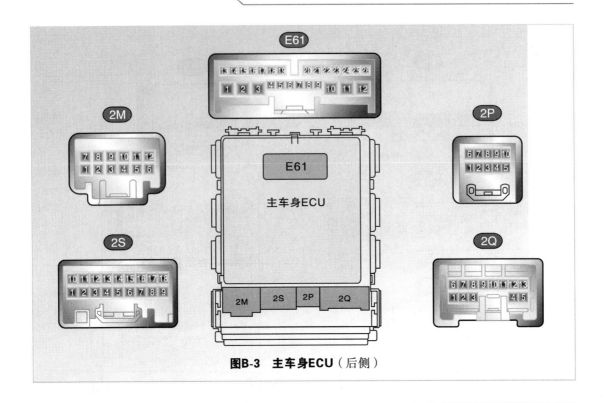

图B-3 主车身ECU（后侧）

② 测量线束侧连接器和车身搭铁之间的电压和电阻，如表B-1所示。

标准电压和电阻　　　　　　　　　　　　　　　　表B-1

端子号（符号）	配线颜色	端子描述	条件	规定状态
2B-30(BECU)-车身搭铁	W-车身搭铁	蓄电池电源	始终	11~14V
2F-5(ACC)-车身搭铁	W-车身搭铁	蓄电池电源	始终	11~14V
2G1-车身搭铁	W-车身搭铁	ACC电源	始终	11~14V
2E-17(GND1)-车身搭铁	W-B-车身搭铁	搭铁	始终	小于1Ω

提示：如果结果不符合规定，则线束侧可能有故障。

③ 重新连接仪表板接线盒连接器2B、2E、2F和2G。
④ 根据表B-2中的值测量脉冲。

测　量　脉　冲　　　　　　　　　　　　　　　　表B-2

端子号（符号）	配线颜色	端子描述	条件	规定状态
E61-4(LIN2)-2E-17(GND1)	V-W-B	LIN通信线路	点火开关置于ON(IG)位置	产生脉冲

> 提示：如果结果不符合规定，则主车身ECU（仪表板接线盒总成）可能有故障。

（2）检查电动车窗升降器电动机总成（驾驶员侧）。

① 断开电动机连接器I6，如图B-4所示。

图B-4　电动机连接器

② 根据表B-3中的值测量电压和电阻。

标准电压和电阻　　　　　　　　　　　　　表B-3

端子号（符号）	配线颜色	端子描述	条件	规定状态
I6-2(B)-I6-1(GND)	GR-W-B	蓄电池电源	始终	11～14V
I6-1(GND)-车身搭铁	W-B-车身搭铁	搭铁	始终	小于1Ω

> 提示：如果结果不符合规定，则线束侧可能有故障。

③ 重新连接电动机连接器I6。
④ 根据表B-4中的值测量脉冲。

测　量　脉　冲　　　　　　　　　　　　　表B-4

端子号（符号）	配线颜色	端子描述	条件	规定状态
I6-9(LIN)-I6-1(GND)	V-W-B	LIN通信线路	点火开关置于ON(IG)位置	产生脉冲

> 提示：如果结果不符合规定，电动机可能有故障。

（3）检查滑动天窗ECU（带滑动车窗）。

① 断开ECU连接器O9，如图B-5所示。

图B-5　ECU连接器O9

② 根据表B-5中的值测量电压和电阻。

标准电压和电阻　　　　　　　　　　表B-5

端子号（符号）	配线颜色	端子描述	条件	规定状态
O9-1(B)-O9-2(E)	L-W-B	蓄电池电源	始终	11~14V
O9-2(E)-车身搭铁	W-B-车身搭铁	搭铁	始终	小于1Ω

提示：如果结果不符合规定，则线束侧可能有故障。

③ 重新连接ECU连接器O9。
④ 根据表B-6中的值测量脉冲。

测 量 脉 冲　　　　　　　　　　表B-6

端子号（符号）	配线颜色	端子描述	条件	规定状态
O9-4(MPX1)-O9-2(E)	V-W-B	LIN通信线路	点火开关置于ON(IG)位置	产生脉冲

提示：如果结果不符合规定，ECU可能有故障。

（4）检查认证ECU（带智能上车和启动系统）。

① 断开ECU连接器E36，如图B-6所示。

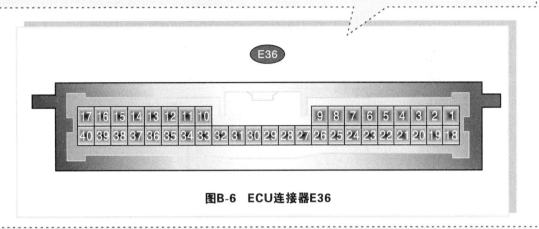

图B-6　ECU连接器E36

② 根据表B-7中的值测量电压和电阻。

标准电压和电阻　　　　　　　　　　表B-7

端子号（符号）	配线颜色	端子描述	条件	规定状态
E36-1(+B)-E36-17(E)	W-W-B	蓄电池电源	始终	10~14V
E36-17(E)-车身搭铁	W-B-车身搭铁	搭铁	始终	小于1Ω
E36-18(IG)-E36-17(E)	B-W-B	点火开关(ON)	点火开关置于ON(IG)位置	10~14V
E36-18(IG)-E36-17(E)	B-W-B	点火开关(OFF)	点火开关置于OFF(IG)位置	0V

提示：如果结果不符合规定，则线束侧可能有故障。

③ 重新连接ECU连接器E36。
④ 根据表B-8中的值测量脉冲。

测　量　脉　冲　　　　　　　　　　表B-8

端子号（符号）	配线颜色	端子描述	条件	规定状态
E36-10(LIN)-E36-17(E)	V-W-B	LIN通信线路	点火开关置于ON(IG)位置	产生脉冲

提示：如果结果不符合规定，ECU可能有故障。

（5）检查识别码盒（带智能上车和启动系统）。

① 断开ECU连接器E22，如图B-7所示。

图B-7　ECU连接器E22

② 根据表B-9中的值测量电压和电阻。

标准电压和电阻　　　　　　　　　　表B-9

端子号（符号）	配线颜色	端子描述	条件	规定状态
E22-1(+B)-E22-8(GND)	W-BR	蓄电池电源	始终	11~14V
E22-8(GND)-车身搭铁	BR-车身搭铁	搭铁	始终	小于1Ω

提示：如果结果不符合规定，则线束侧可能有故障。

③ 重新连接ECU连接器E22。
④ 根据表B-10中的值测量脉冲。

测　量　脉　冲　　　　　　　　　　表B-10

端子号（符号）	配线颜色	端子描述	条件	规定状态
E22-3(LIN1)-E22-8(GND)	V-BR	LIN通信线路	点火开关置于ON(IG)位置	产生脉冲

提示：如果结果不符合规定，ECU可能有故障。

（6）检查转向锁ECU（带智能上车和启动系统）。

① 断开ECU连接器E39，如图B-8所示。

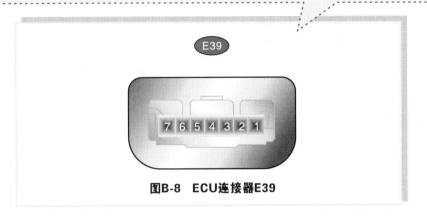

图B-8　ECU连接器E39

② 根据表B-11中的值测量电压和电阻。

标准电压和电阻　　　　　　　　　　　　　表B-11

端子号（符号）	配线颜色	端子描述	条件	规定状态
E39-1(GND)-车身搭铁	W-B-车身搭铁	搭铁	始终	小于1Ω
E39-6(IG2)-E39-1(GND)	B-W-B	点火开关（ON）	点火开关置于ON(IG)位置	10~14V
E39-6(IG2)-E39-1(GND)	B-W-B	点火开关（OFF）	点火开关置于OFF(IG)位置	0V
E39-7(B)-E39-1(GND)	L-W-B	蓄电池电源	始终	10~14V

提示：如果结果不符合规定，则线束侧可能有故障。

③ 重新连接ECU连接器E39。
④ 根据表B-12中的值测量脉冲。

测　量　脉　冲　　　　　　　　　　　　　表B-12

端子号（符号）	配线颜色	端子描述	条件	规定状态
E39-5(LIN)-E39-1(GND)	V-W-B	LIN通信线路	点火开关置于ON(IG)位置	产生脉冲

提示：如果结果不符合规定，ECU可能有故障。

3. 故障码检查与清除

> **提示**：点火开关置于OFF位置，使用智能检测仪进行故障排除时：将智能检测仪连接至车辆，并每隔1.5s打开和关闭门控灯开关，直到检测仪和车辆之间开始通信。

1）检查故障码

（1）将点火开关置于OFF位置。
（2）将智能检测仪连接到DLC3。
（3）点火开关置于ON（IG）位置，并接通智能检测仪。
（4）按照检测仪屏幕上的指示读取DTC。

2）清除故障码

（1）将点火开关置于OFF位置。
（2）将智能检测仪连接到DLC3。
（3）点火开关置于ON（IG）位置，并接通智能检测仪。
（4）按照检测仪屏幕上的指示清除DTC。

4. 读取数据表/主动测试

在表B-13中，"正常状态"下列出的值为参考值。在确定零件是否出现故障时，不能仅依赖这些参考值。

（1）使发动机暖机。
（2）点火开关置于OFF位置。
（3）将智能检测仪连接到DLC3。
（4）点火开关置于ON（IG）位置。
（5）打开检测仪。
（6）进入以下菜单：
• 智能检测仪–选择：Diagnosis / Body / Main body / Data list /
（7）根据检测仪上的显示，读取"Data list"。

主车身ECU　　　　　　　　　　　　　　　　　　　　　　　表B-13

检测仪显示	测量项目/范围	正常状态	诊断备注
COM D-DOOR MTR	电动车窗升降器电动机(驾驶员侧)和主车身ECU之间的连接状态：OK或STOP	OK：连接 STOP：未连接	如果LIN通信中发生错误，将输出DTC
COM SLIDE ROOF	滑动天窗ECU和主车身ECU之间的连接状态：OK或STOP	OK：连接 STOP：未连接	如果LIN通信中发生错误，将输出DTC
COM DOUBLE LOCK	双重门锁ECU和主车身ECU之间的连接状态:OK或STOP	OK：连接	如果LIN通信中发生错误，将输出DTC

5.诊断故障码表

诊断故障码表见表B-14。

诊断故障码表　　　　　　　　　　　　　　　　　　　　　表B-14

故障码	检测项目	故障部位
B1273	滑动天窗ECU通信终止	滑动天窗ECU 主车身ECU 线束或连接器
B2287	LIN通信主单元故障	认证ECU 主车身ECU 线束或连接器
B2321	驾驶员侧车门ECU通信中止	左前电动车窗升降器电动机总成 主车身ECU 线束或连接器
B2325	LIN通信总线故障	左前电动车窗升降器电动机总成 滑动天窗ECU（*1） 主车身ECU 线束或连接器
B2785	通过LIN连接的ECU之间的通信故障	认证ECU 主车身ECU 转向锁ECU 识别码盒 线束或连接器
B2786	转向锁ECU没有响应	转向锁ECU 认证ECU 线束或连接器
B2789	识别码盒没有响应	识别码盒 认证ECU 线束或连接器

提示：*1：带滑动天窗。

6. LIN主单元故障的排除方法

当主车身ECU和认证ECU之间存在断路、短路或ECU通信故障时，会输出DTC码B2287，其故障部位主要在于认证ECU、主车身ECU、线束或连接器。相关电路如图B-9所示。

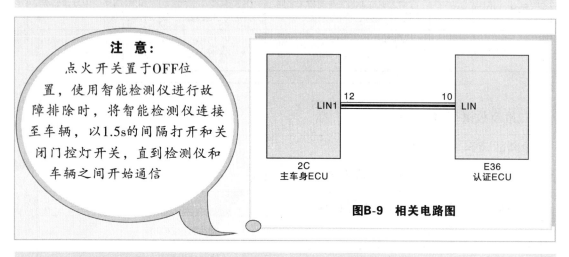

注意： 点火开关置于OFF位置，使用智能检测仪进行故障排除时，将智能检测仪连接至车辆，以1.5s的间隔打开和关闭门控灯开关，直到检测仪和车辆之间开始通信

图B-9　相关电路图

检查步骤如下。

→1）清除故障码

→2）检查故障码

重新检查有无故障码，如未输出B2287故障码，说明系统正常，如输出B2287故障码，则进行下一步检查。

→3）检查线束和连接器（认证ECU-主车身ECU）

（1）断开连接器E36和2C，如图B-10所示。

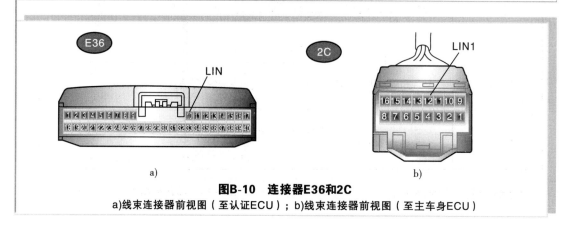

图B-10　连接器E36和2C
a)线束连接器前视图（至认证ECU）；b)线束连接器前视图（至主车身ECU）

（2）根据表B-15中的值测量电阻和电压。

标准电阻和电压　　　　表B-15

检测仪连接	条件	规定状态
E36-10(LIN)-2C-12(LIN1)	始终	小于1Ω
E36-10(LIN)或2C-12(LIN1)-车身搭铁	始终	10kΩ或更大
E36-10(LIN)-车身搭铁	始终	低于1V

异常：维修或更换线束或连接器

→ 4）更换主车身ECU（仪表板接线盒）

更换一个主车身ECU，清除故障码。

→ 5）检查故障码

重新检查有无故障码，如输出B2287故障码，则更换认证ECU。

7. LIN通信总线故障

主车身ECU监视所有连接到车门系统LIN总线的ECU之间的通信。若主车身ECU以2.6s间隔连续3次检测到任何连接到车门系统LIN总线的ECU出现通信错误，会输出故障码B2325。故障部位主要在于左前电动车窗升降器电动机总成、滑动天窗ECU（带滑动天窗）、主车身ECU、线束或连接器。相关电路如图B-11所示。

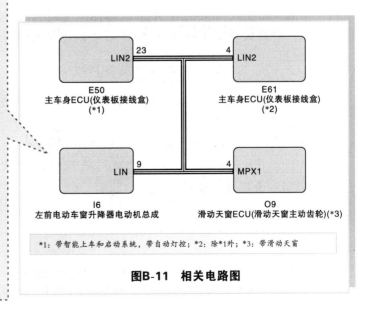

*1：带智能上车和启动系统，带自动灯控；*2：除*1外；*3：带滑动天窗

图B-11　相关电路图

检查步骤如下:

(1) 清除故障码;
(2) 检查故障码,如输出故障码B2325,则进行下一步的检查;
(3) 检查线束和连接器(主车身ECU-各ECU),如图B-12所示;

- 断开连接器E50或E61。
- 断开连接器I6。
- 断开连接器O9。
- 根据表B-16中的值测量电阻。

标准电阻　　　表B-16

检测仪连接	条件	规定状态
E50-23(LIN2)-I6-9(LIN) E61-4(LIN2)-I6-9(LIN)	始终	小于1Ω
E50-23(LIN2)-O9-4(MPX1) E61-4(LIN2)-O9-4(MPX1)	始终	小于1Ω
E50-23(LIN2)-车身搭铁 E61-4(LIN2)-车身搭铁	始终	10kΩ或更大

异常:维修或更换线束或连接器

(4) 系统检查。根据车辆的规格进行检查,对于带滑动天窗的车型,进行步骤(5)的检查,对于不带滑动天窗的车型,进行步骤(6)的检查;

(5) 检查故障码。重新连接连接器E50、E61和I6,检查有无故障输出。如输出B2325故障,则转入步骤(6)的检查;如未输出B2325故障,则转入步骤(7)的检查;

(6) 检查故障码。断开连接器I6,重新检查有无故障码。如输出故障码B2325,则转入步骤(9)的检查,如未输出故障码,则更换主车身ECU(仪表板接线盒);

(7) 更换滑动天窗主动齿轮;

(8) 重新检查故障码。如再次输出故障码,则更换主车身ECU;如未输出故障码,则检查步骤结束;

(9) 更换左前电动车窗升降器电动机总成;

(10) 再检查故障码。如输出故障码B2325,则更换主车身ECU,如未输出故障码,则检查结束。

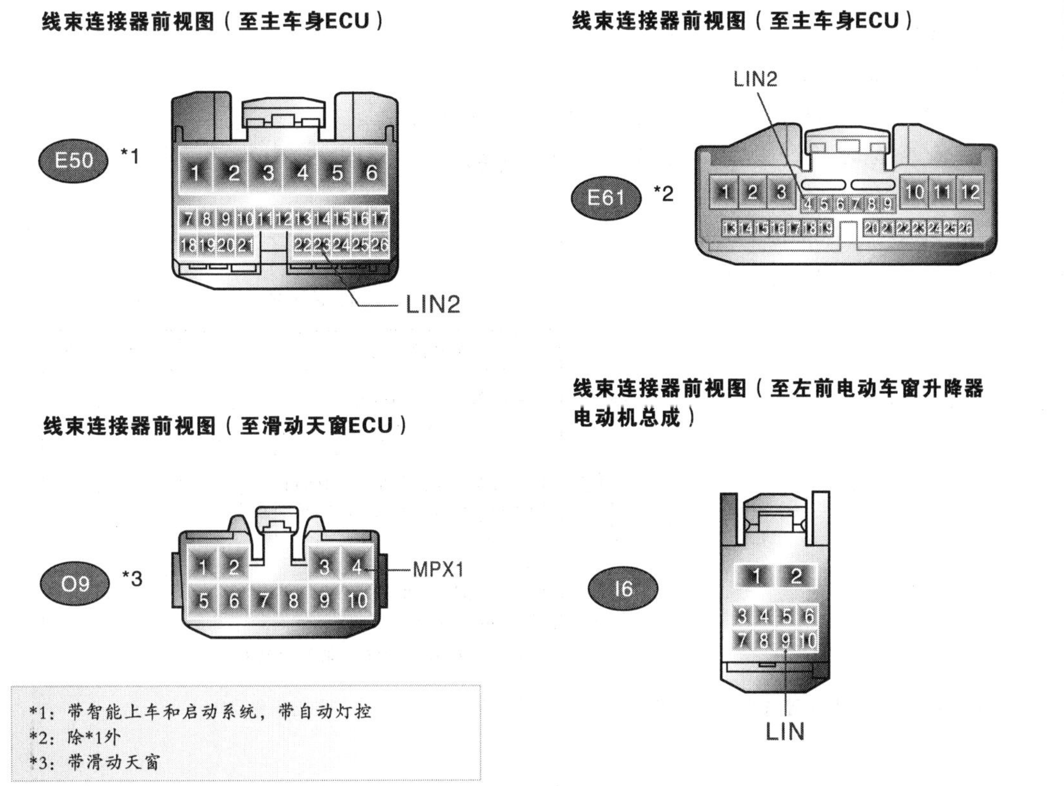

附录B 卡罗拉LIN总线系统故障维修实训指导

线束连接器前视图（至主车身ECU）

E50 *1

线束连接器前视图（至主车身ECU）

E61 *2 — LIN2

LIN2

线束连接器前视图（至滑动天窗ECU）

O9 *3 — MPX1

线束连接器前视图（至左前电动车窗升降器电动机总成）

I6

LIN

*1：带智能上车和启动系统，带自动灯控
*2：除*1外
*3：带滑动天窗

图B-12　线束和连接器

8. 驾驶员侧车门ECU通信中止故障的排除方法

当左前电动车窗升降器电动机总成和主车身ECU之间的LIN通信中止10s以上时，会输出故障码B2321，故障部位主要在于左前电动车窗升降器电动机总成、主车身ECU、线束或连接器。相关电路如图B-13所示。

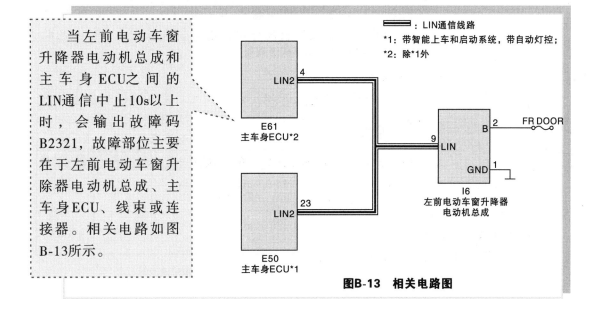

图B-13　相关电路图

检查步骤如下:

(1) 清除故障码;
(2) 检查故障码;
重新检查有无故障码,如未输出B2321故障码,说明系统正常,如输出B2321故障码,则进行下一步检查;
(3) 检查线束和连接器(主车身ECU-左前电动车窗升降器电动机),如图B-14所示;

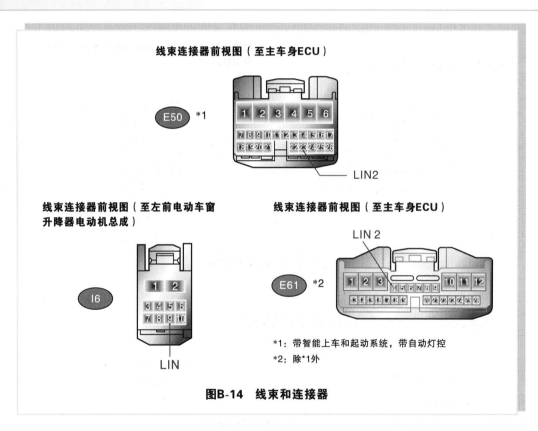

图B-14 线束和连接器

注:
*1: 带智能上车和启动系统,带自动灯控;
*2: *1除外。

(a) 断开连接器E50*1或E61*2。
(b) 断开连接器I6。
(c) 根据表B-17的值测量电阻。

标准电阻　　　　　表B-17

检测仪连接	条件	规定状态
E50*1-23(LIN2)-I6-9(LIN) E61*2-4(LIN2)-I6-9(LIN)	始终	小于1Ω
E50*1-23(LIN2)-车身搭铁 E61*2-4(LIN2)-车身搭铁	始终	10kΩ或更大

异常: 维修或更换线束或连接器

（4）检查左前电动车窗升降器电动机总成；

- 断开连接器I6，如图B-15所示。

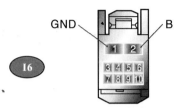

线束连接器前视图（至左前电动车窗升降器电动机总成）

图B-15　连接器I6

- 根据表B-18中的值测量电阻和电压。

标准电阻和电压　　　　表B-18

检测仪连接	条件	规定状态
I6-1(GND)-车身搭铁	始终	小于1Ω
I6-2(B)-车身搭铁	始终	11～14V

异常：维修或更换线束或连接器

（5）更换左前电动车窗升降器电动机总成，清除故障码；

（6）重新检查有无故障码，如输出B2321，则更换主车身ECU（仪表接线盒）。

附录C 本课程实操考核工单一

考核内容：速腾汽车舒适总线系统的识图与检测

班　　级_____　学　号_____　姓　名_____

考核老师签名_____　计　分_____

一、舒适总线系统的识图（35分）

1.通过对速腾汽车台架的认识，画出该车舒适总线系统（含CAN和LIN）的结构原理图。（25分）

其中承担网关功能的是_____控制单元。CAN-H的颜色标志是_____，CAN-L的颜色标志是_____。LIN的颜色标志为_____。

2.找到老师指定的一个控制单元，并填写。（10分）

单元名称为_____，单元编号为_____，连接CAN-H的插脚编号是_____，连接CAN-L的插脚编号是_____。连接LIN的插脚编号为_____。

二、舒适CAN总线系统的检测（65分）

1.电压检测。（30分）

（1）舒适总线系统的电压检测。（10分）

检测对象	检测值	检测结果分析与说明
电源电压		
CAN-H对搭铁		
CAN-L对搭铁		
CAN-H对CAN-L		
LIN对搭铁		

（2）检测开关E40各个档位对地的工作电压。（20分）

检测对象	检测值	检测结果分析与说明
OFF		
UP		
AUTO UP		
DOWN		
AUTO DOWN		

2. CAN-H与CAN-L的正常工作波形检测。（35分）

（1）选取的电压单位值为_____，选取的时间单位值为_____。（5分）

（2）根据检测结果画出CAN-H与CAN-L的正常波形草图（可以为打印输出）。（20分）

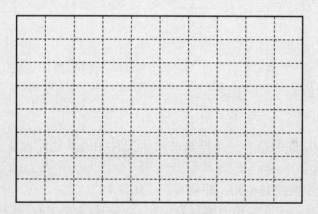

（3）读取CAN-H与CAN-L正常波形的主要数据，说明其主要特征。（10分）

CAN-H的显性电平为_____，隐性电平为_____；CAN-L的显性电平为_____，隐性电平为_____；一个CAN信息帧的时间长度约为_____。

其主要特征有：

附录D 本课程实操考核工单二

考核内容：帕萨特汽车舒适CAN总线系统的识图与检测

班　　级_____　学　号_____　姓　名_____

考核老师签名_____　计　分_____

一、舒适CAN总线系统的识图（50分）

1.通过对帕萨特汽车台架的认识，画出该车舒适CAN总线系统的结构原理图。（20分）

其中承担网关功能的是_____控制单元。CAN-H的颜色标志是_____，CAN-L的颜色标志是_____。

2.找到老师指定的控制单元，并填写。（10分）

单元名称为_____，单元编号为_____，连接CAN-H的插脚编号是_____，连接CAN-L的插脚编号是_____。

3.在下列三个问题中，回答老师指定的一个问题。（20分）

（1）对该台架进行通电操作，说明该车舒适CAN总线系统具备哪些主要功能。

（2）说明驾驶员对_____控制单元（老师指定）进行控制的信号传递及工作过程。

（3）说明两个前窗与两个后窗在功能上有何不同，其控制开关有何区别。

问题序号为_____。

回答：

二、舒适CAN总线系统检测（下列三个任务中，完成老师指定的一个，50分）

任务1. 电阻检测。（50分）

（1）舒适CAN总线系统的电阻检测。（30分）

检测对象	检测值	检测结果分析与说明
CAN-H与CAN-L		
CAN-H与搭铁		
CAN-L与正极		
CAN-H一端与CAN-H另一端		
CAN-L一端与CAN-L另一端		

（2）检测开关E40各个挡位对搭铁的电阻。（20分）

检测挡位	检测值	检测结果分析与说明
OFF		
UP		
AUTO UP		
DOWN		
AUTO DOWN		

任务2. 电压检测。（50分）

（1）舒适CAN总线系统的电压检测。（20分）

检测对象	检测值	检测结果分析与说明
电源电压		
CAN-H对搭铁		
CAN-L对搭铁		
CAN-H对CAN-L		

（2）检测开关E40各个挡位对搭铁的工作电压。（20分）

检测对象	检测值	检测结果分析与说明
OFF		
UP		
AUTO UP		
DOWN		
AUTO DOWN		

（3）说明新型开关是如何区分各个工作挡位的？采用这种方式有何意义？（10分）

任务3．检测CAN-H与CAN-L的正常波形。（50分）

（1）选取的电压单位值为____，选取的时间单位值为____。（5分）

（2）根据检测结果画出CAN-H与CAN-L的正常波形草图（可以为打印输出）。（30分）

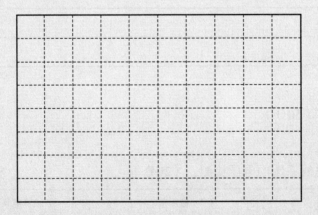

（3）读取CAN-H与CAN-L正常波形的主要数据，说明其主要特征。（15分）
CAN-H的显性电平为_____，隐性电平为____；CAN-L的显性电平为_____，隐性电平为____；一个CAN信息帧的时间长度约为____。
其主要特征有：

参考文献

[1] 李东江，张大成. 汽车车载网络系统(CAN-BUS)原理与检修[M]. 北京：机械工业出版社，2005.

[2] 南金瑞，刘波澜. 汽车单片机及车载总线技术[M]. 北京：北京理工大学出版社，2005.

[3] 于万海. 车载网络系统原理与检修[M]. 北京：电子工业出版社，2008.

[4] 谭本忠. 汽车车载网络维修教程[M]. 北京：机械工业出版社，2008.

[5] 管秀君. 汽车单片机及局域网技术[M]. 北京：人民交通出版社，2005.

[6] 秦贵和. 车上网络技术[M]. 北京：机械工业出版社，2003.

[7] 吴文琳，吴丽霞. 汽车车载网络系统原理与维修精华[M]. 北京：机械工业出版社，2008.

[8] 李贵炎. 车载网络系统结构原理与维修[M]. 南京：江苏科学技术出版社，2008.

[9] 林为群. 汽车单片机及车载网络系统[M]. 北京：人民交通出版社，2007.

[10] 朱双华. 汽车CAN系统故障诊断与检测技术[M]. 长沙：国防科技大学出版社，2008.

[11] 李东江，张大成. 大众/奥迪车系故障诊断与排除技巧[M]. 北京：机械工业出版社，2007.

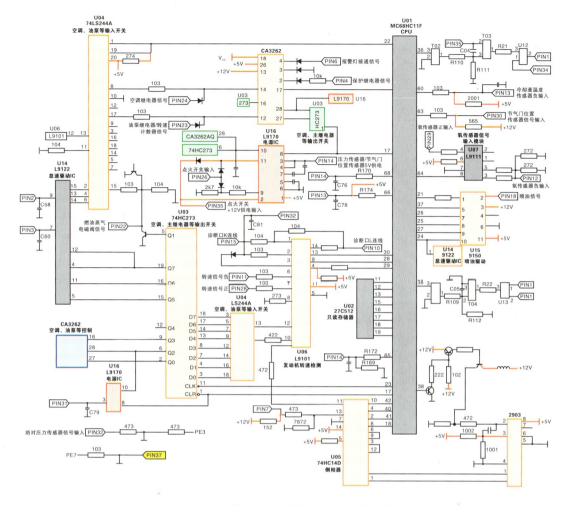

图1-11 玛瑞利SPI型发动机ECU电路原理图

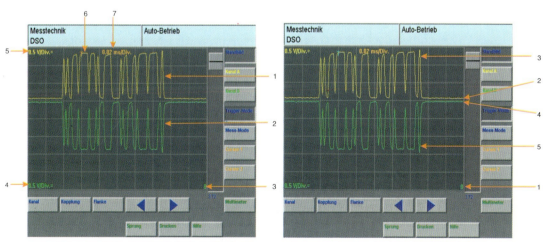

图2-40 动力CAN总线的信号波形　　　　图2-41 电压值的应用

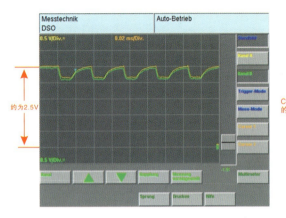
图2-42 CAN高线与CAN低线间短路

图2-43 CAN高线对搭铁短路

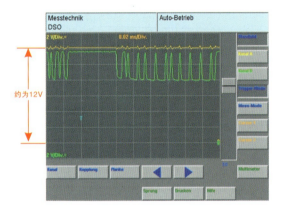
图2-44 CAN 高线对正极短路

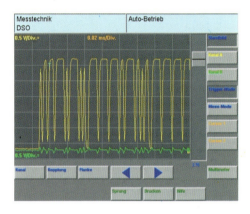
图2-45 CAN 低线对搭铁短路

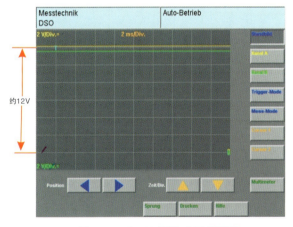
图2-46 CAN 低线对正极短路

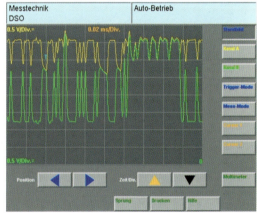
图2-47 CAN低线断路

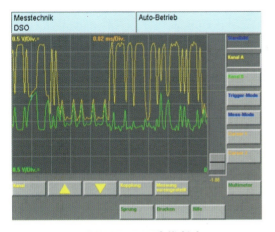

图2-48 CAN高线断路

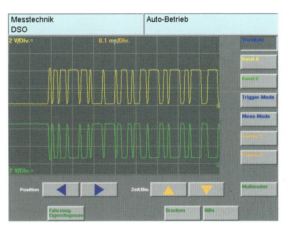

图3-2 示波器上显示的舒适CAN总线波形

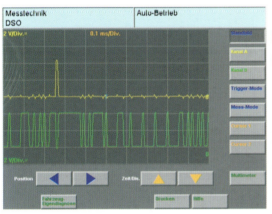

图3-4 示波器上显示的舒适CAN总线
工作在单线模式下的波形

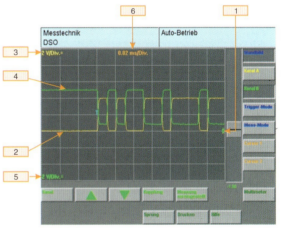

图3-27 DSO仪器的设置图

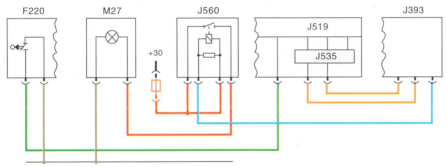

F220	集控门锁关闭单元,驾驶员侧
J393	舒适系统的中央控制单元
J519	车载网络系统控制单元
J535	数据总线的诊断接口
J560	车门报警灯继电器
M27	左侧车门登车报警灯

颜色编码/说明
= 输入信号
= 输出信号
= 正极
= 搭铁
= CAN数据总线

图3-12 登车报警灯电路

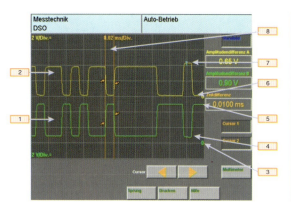

图3-28 电压与电位说明

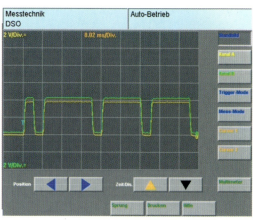

图3-29 CAN高线与CAN低线之间短路

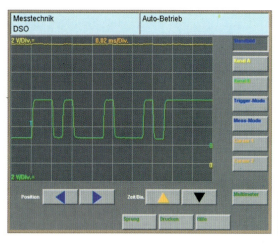

图3-30 高线对正极短路

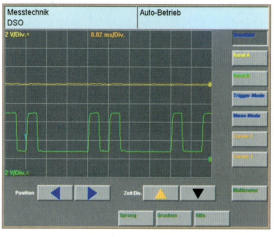

图3-31 高线对搭铁短路

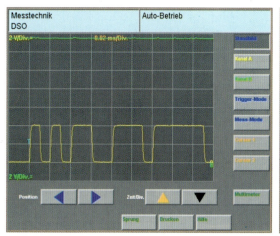

图3-32 CAN低线对正极短路

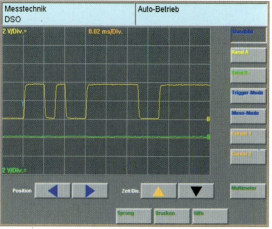

图3-33 CAN低线对搭铁短路

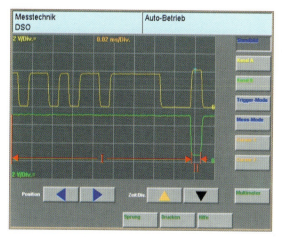

图3-34 CAN低线断路

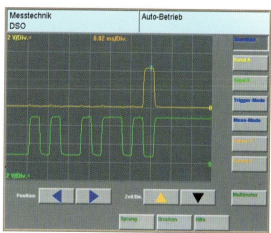

图3-35 CAN高线断路

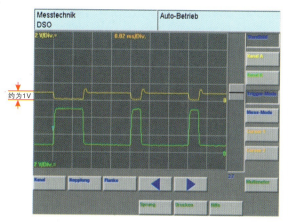

图3-36 CAN高线与搭铁之间通过连接电阻短路

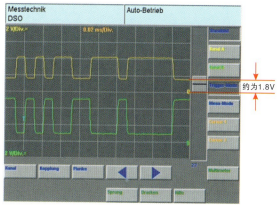

图3-37 CAN高线与正极之间通过连接电阻短路

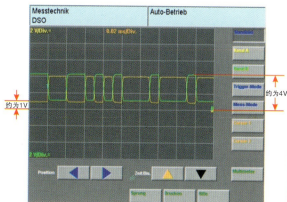

图3-38 CAN高线与CAN低线之间
通过连接电阻短路

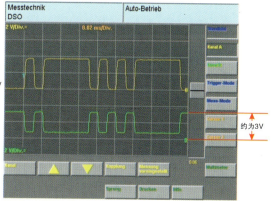

图3-39 CAN低线通过连接电阻对搭铁短路

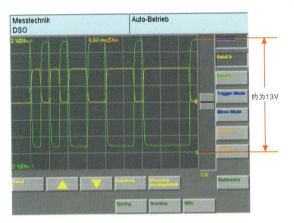

图3-40 CAN低线通过连接电阻对正极短路

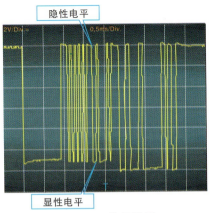

图4-10 信号波形

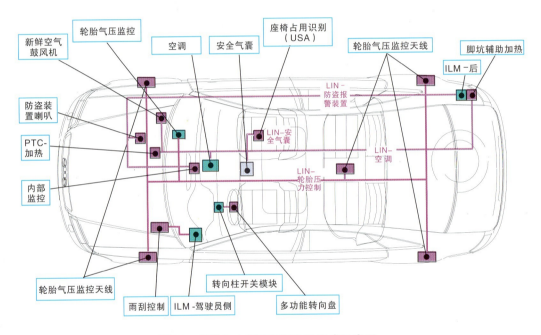

图4-5 奥迪A6L 轿车LIN总线组成示意图

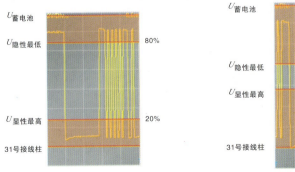

图4-11 发送的允许电压范围　　图4-12 接收的允许电压范围

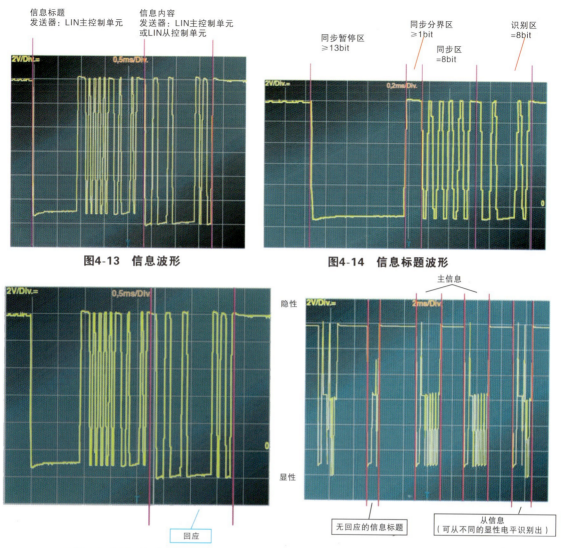

图4-13 信息波形

图4-14 信息标题波形

图4-17 有回应的信息波形

图4-18 没有回应的信息波形

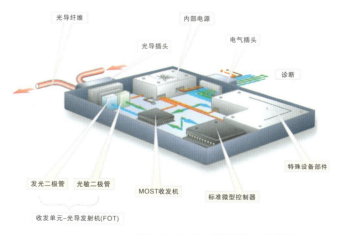

图5-8 MOST控制单元结构图

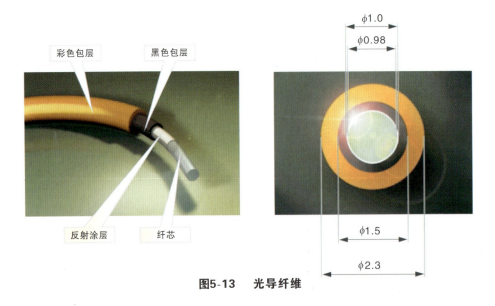

图5-13　光导纤维

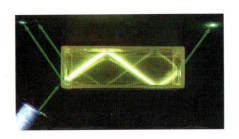

图5-14　光波的直线传送

图5-15　光波在弯曲光导纤维中的传导

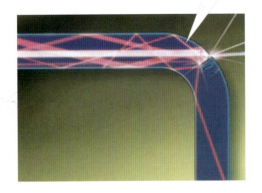

图5-16　光波在过度弯曲的光导纤维中的传导

图5-38　波形管弯曲应避免半径不足